林祖藻 主編

明清科考墨卷集

第十八冊

卷五十二
卷五十三
卷五十四

LITERARY TIMES
蘭臺出版社

第十八冊 卷五十二

君子篤於　一節

仁厚自君子始民所以率也夫篤親仁也故舊不遺厚也而民猶
弗率乎是在君子矣嘗考自古帝王所以久安而長治者未有不
於人心風俗為兢兢然此固非一切治具之所能致也一代款本
茂實之規自上及下為上者設誠于內而致行之於以導民孔易
例入
矣今夫人心歸仁風俗從厚治至此尚矣惡賤何知道德而每念
必及父兄則執黍牽車即仁心所自形也兩間詛噴禮文而華處
從不作溢分語
不忘祫吠則觴酒豆肉亦脩風所為息也審如是也百姓賴之得
以自離於不肖之行而國家恃之遂以相維於不擾之安豈非長

民者所汲汲求與而吾謂此不當衆之民也亦惟君子其親而已
君子不有親耶別于疏而曰親亦天之理也夫事難副君子忘加
鍔剤斵字妙合天然
篤焉以情不以文而情至者文亦至在君子殊不自知耳一自斯
民觀之以為春秋入廟訓若是其懷以儆也念父母也觀亭方來
胡若是其歌以咢也感兄弟也甚矣君子仁也油然感則勃然興
矣君子不有故舊耶別于新而曰故舊遡始之辭也始事易忘君
子獨不遺焉惟實不惟名而實全者名斯全在君子習為故常耳
一自斯民聞之以為重盟府之藏也爰及荀齋不然何以賞從渥
而罰從議也抑念雅素之好也償爾豆籩不然何以有則潸而無

則酤也舊矣君子厚也慕乎此則絕乎彼矣蓋理之異者不能
相強也夫德仁而民生厚故上俟君上之動之而後以不令而行
勢之齊者不能相從也爾之教而民胥傚故一操仁厚以先之而
自可相觀而化也且夫導民之效其亦可見矣殘刻之習成則兵外
雖無可致之形而其中實有不測之患仁厚之化洽則其初似無
非常可喜之績而其後必享太平有道之長蓋孝弟之人可與事
前漢書儒林贊
上而敦讓之俗難與為非是以華薄從忠而周過歷秉禮守義而
魯後衰風俗人心使然也郭為君子而不加意於人心風俗或胥
內相獎勵勸圖念無以風眾庶而起教化亦獨何哉亦獨何哉

論語

文之妙不在辭即以辭亦復黃絹幼婦

與仁不偷實際於例入處撿出後半只淡寫則字便脫盡舊人

[illegible]漢篇與不遺亦句句即在小民觀感上摹寫無不嵌空飛動

知其布置之妙眼中便只有文衣薰樁也

君子篤

〇〇〇君子篤於親　一節　　錢塘王士俊克三

推仁與不偷之的化起于上而已蓋篤親尊故君子之所以導民計
而民已興於仁矣不偷矣則化之起于上者其所平其天下惟真意之
所流通其感人也為最深耳朗然日照明詔聞闕或親躬其文廟
堂一事恆心革翻然遂傳為盛舉從可知古聖王在上一人攬代理
之權而登風俗于醇茂者良必有其道焉以約之綱紀而正兆能
以無本之治治也蜀以言之顓蒙何知惇叙一誼而特與中心所
者滿烟戚而得其濃者遇塗人而遂得其懽何也情有所牽繫也
但使萬族雖繁各自愛其家人而不好行寡恩之事則門庭之慶

民足流爲世道之祥矣一匹夫亦有食石之盟而當其天衷所結者
小千八百字合處滑溜是格終身不亡斷
感壯而作之合者六慕年而猶劉其交何也情有所獨契也但使
生人至衆各自欲其交道而每羨言中道之薄則氣誼之真已足
削其周旋之薄矣若是者民之篤于親民之所以與仁也民之故
舊不遺民之所以不偷也雖然此其不於民操而恒於君子責
言日之可有物冰大思精
之一從來富貴之際怨望易生而忘於形又因境地之家遷而起
乃君子之於親也固有事在床第之近而應周於千世百世之遠
者歟今而將以燮贊功名而達之郊廟使其坦易居心不欲以小
晉交慕公子何甚對此
過小嫌傷吾天性之乎固猶然如布衣昆季聚首而講綢繆之歡

也夫民也平居未學問日觀夫木本水源之義而茫然不解者一旦見古人展禴祀之典忽焉入夢寐而驚心則愷弟之念有不知其何以勃然而生者爾夫凡數舊之臣（於書考書）嬉戲易積而躋于禮法又困勢望之過重而生乃君子之求、故舊也罔弗躬履帝王之位而心維乎櫛沐締造之初者議（遐）有方而不以微瑕棄其全德勳功有典而恒以孫子酬其祖宗彼其朴誠相與不欲以新故凌軋傷吾夙昔之情固嘗與二三耆老握手而談辛苦之業也（後高祖能無動心）夫民也生乎豈丞交遊習鬧夫險兩棄予之悲而漠然不動者一旦見天朝錄舊士恩忽然念良朋而心惻則涼薄之懷有不知其何以釋然而消者爾旦仁學之藏于人心也其隱非法令之所爲功而盛德之精微偏能入小民之肺腑而生其激發神之所告捷于風雨矣蓋孝弟睦婣之旨得諸父兄之訓廸猶百易憲而洗心者而況天子其明化先忠學則從欲以治者又誰不默喻而潛孚也此以知古道在人亦可自成其風氣而惟策勵于身教者爲倡率鄉仁學之關于世運也其深非旦夕之以能洽以良心之中伏偏能秉彝然之感動而鼓其機倪誠之所孚令知流水矣蓋至性至情之事得謂此若之傳聞猶有欲歌而欲舞者而深思施優渥風及群黎則相觀而善者又豈不草薄而從忠也此以知編氓雖賤亦能自

見其天真而惟借于聖神者爲借速由斯以譚則後有化民之責者尚務篤其親毋遺其故哉

英英露爇神骨轉遒喻時中

昔人嘗云今人有意運史事反致滿篇此無他見不廣也

今人但言其理而史事皆找註腳若以斯文証之定許群人

集中只選名墨三首因坊刻未載故附筆于此　周新之

第十八冊　卷五十二

君子篤於親　一節　十三名　王今遠

王化隆於一人感之深斯應之捷也蓋民莫不有親莫不有舊篤與不遺在君子而謂民獨無心乎興仁不偷職此故也今夫化民成俗之際惟在上者之表帥而已養和祥之福端本自在一人而溥恩義之施錫類可通四海自古平章雍睦之朝有事在此而功彰彼若治道之風行端不外皇躬之建極也夫不覩君子乎君子念推恩有序胞與不先於本支用人有方老成無間以漸進鳴琴破斧原非盛治之常酒醴笙簧乃見交孚之雅是以披枝傷心之有戒而礪山帶河之永存吾見其篤於親矣維城之倚蔭庇實深

頎可曰寵過則驕乎夫公子公姓猶將一本敦之奈何以小嫌觖望自縱斧斤篤之者非徒曲示保全也誠念夫廟門以内同為一人之子孫而有合族無絶宗釃酒肥牡好惡之流通為最摯宜見其故舊不遺矣一德之風相求有素傾衛向高則偪乎夫望重功崇猶將十世宥之奈何以嫌蘖短長輙生猜忌不遺者非徒故作優容也誠念夫彤鏤以上夙銘風雨之勤勞而假弓矢錫秬卣丹書盟府文綑之剌責為最寛若此者亦惟以講父昆弟式好無尤崇伐元功尊獎不替用以答先王先公慰勳耆巨室而已詎將曰持此道也以徃民其覩感興起罔不率俾也乎然而興仁不偷

固已如嚮斯應者何也蓋政化之流行置郵莫能喻其速天潢鮮瓜瓞之思而聞其風者遂以為棠棣可以不作夫骨肉家人之愛於宮禁恒寬其責脩無他情因分殺也一旦見大君之貴義重宗支斯不覺油然有動焉須湯沐于東蒙則樛木仁沾分菁莪於衛叔則騶虞化洽矣事功之感格枹鼓無以譬其神世家與淪棄之悲而傳其事者遂以為金石可以無盟夫布衣握手之歡豈朝廷可繩以氣誼無他交以勢暌也一旦見天子之尊亦有寒友斯不覺藹然相觸焉雨行從膠鬲之言則東都之敝俗已改百里闢營邠之社則洛邑之梗化無憂矣錫類隆於宗人咢鐘綿於大族而

會闈元魁墨

古道之在人。遂獨漂其寤寐。實主展覲錫之采地。珪璋念舊。重以腹心。而休風之遠播。遂共發其性情。則甚矣化民成俗之際。惟在上者之表師也。

君子　王

君子篤於　一節

王廣心

惇化以臯下俗維良矣夫民之稍暴也伊君寔甚親之膺之[illegible]道于

今不蒙其王者將惠和爾師也稽五祥登三穆敦弓自在寢而錫人（小雅我行其野篇）（魏風）

以淑遂野删姻特之書棘弥自在懸而匡爾以恩自里洽縫裳之俗

天子以一心化萬鄰萬鄰愉之固不必桒色金聲也我懷君子君子（中國）（禮王制）（書顧命）

視康華牧敎学鼓長郵罰鄉举闾董之然而民勿憁憁盖玄筍之感（卯風）（定四年）（遂人主）

儀與蠟室之風雨未親矣告以深宫圭酒之意則秉旌禽弱情聯六（六遂之岡）（君也）（官名）（掌詠讓之官）

遂矣琴笙君子蒸皇時夏設虢氏問琰圭鄉司敉讓之然而民勿風（鼻門）（封人以和鼓）（詩祭方社）（彤弓行葦）（吟）

行盖臯陶之金鐏與中田之社瑟未和矣風以形葦小雅之情則密

王震小橋　上諭

○之○鼓○藉○蕭○之○燕○　○此○勞○德○

鼓蕭鶴化感萬家之韭稱君子而欲民仁也敢忘爾親念我詵羽儀

○事○也○王○褒○作○中○和○樂○如○見○　○巡○行○南○劇○殷○宇○于○東○

人合宮異粻剪葉為歡無何而行南宇東分手戎殷之素必至千里

○反○樸○冊以○示○　○賓○祭○劇○雲○毛○　○二○周○召○

霜露朔旦遙望毋乃傷我父老心願言篤之五叔無官而唐荀伐經

○行○葦○詩○　○秦○伯○學○仲○　○二○國○名○　○季○歷○表○泰○紱○有宮館排○佃

侑以酌斗之詩二昭不從而句處並建贈以館宮之句女蘿不剪展

句

玉溫如彼民旻天子恩榮天折如此也我亦有宗循我亦有父黨其

○烈○風○辭○宮○　○出○康○誥○

誰非先君之顧遺幼子童孫也而敢懟也君子而欲民不偷也敢忘

○閔○郊○雨○洗○兵○　○伐○紂○　○淮○陰○臨○刑○云○良○弓○藏○

爾故念我盟袱諸佐負弩洒兵前驅妹卯無何而弓藏萬馬飄搖盬

○介○公○推○　○遂○稷○放○子○

華之邦甚者綿上之賞未甄寢卯之薪已負毋乃拂我吏民之頌言

○大公○嚮葉　○晉○文○臣○

不遺姜嚮之師以世俘起家享陰牟者百歲龍蛇之名以驕綫成勞

京屏若十世河岱未更藏勢猶存似民見君之去思勤不如此也○
乘車戴笠出越語○○○○○○○○○○○○○
我亦有車笠我亦有姻僚其誰非蜡祭之川人實體明之也而散薄
○袞于弟帶通臆氏作亂○ ○鄭○臧○叔○段○ ○○ ○魯○風○苗○沃○○
世近若貴人甘昭屢告難矣有輸起巷伯之用下襟是白石之宗寵
○○○○○○ 周公習兵○左傳 ○中名童名○ ○掌刑
而偏謂八室何君子糾或公如既榮之甞一願亦既約之甸師
同○姓○者○ ○閔二○公○ ○下○ ○自○號○伯○應○ ○遊○樊○
糾閫一時宗人無兩涼金玦之嫌而以韋雍而野事康綿藟芾相謡
國○語 旗○劉○此○立敬○王○之○下○朝○慮○臣○作○亂○立○子○頹○ ○ ○纓○葛○
乎哉沂者中置升劉数不於矣次伯實任而從于溫武莊世卿而亢
○射○王○ ○ ○ ○少○主○未○生○ ○ ○昆吾畀沂以銘○功
其躬僭而踰若委裘何君子啓籥載盟夫子㬰哉昆畀壽其鳳梧天
德 ○ 礼士大夫以略○焉○ ○ ○ ○ ○三○壽○作○斯○
夫有過誅讓式于路馬一時貴遊無參夷肺腑之疑而臺一身將斯
○三○鄉○也○棄○明○詩○ ○ ○謀報桓族羣 孫偃晉○
室有舊婚旨蓄黍黄嘆乎哉不然者士為之已戍 叔璧之臣

王農山稿　上論

主農山篇　上論

僖四年　南陵子娶妻無○子作别鵠操

貴公子而懷其羇愛夫人而悲其鵠因之飄風以俗喬木無陰

所以習天下親ゝ貴ゝ之風者

一經采伐天葩出芬作者肺腑從月斧雲斤鑿過　朱觀辰

琢白斲枝著作名手也

魚漏因網踈鸞鶴為繩急此於兒下妙有機權　莊汝霖

康旌鷂弱　唐叔旃旌通帛為旃析羽為旌　旌分魯父繁弱大弓名出左傳

命士以上父子異粻　異宮兄弟合宮

王制五十異粻粻也　戎殿之索　疆以殿索　疆以戎索　千里霜露　顧氏兄弟訓感霜露而思　相思付日月亦相望

琴出逸周書○武王伐紂散宜生閎夭負琴前驅

君子篤於親　一節　七名史　圜

化民有本於篤興不遺者見之焉夫親而同篤以己厚而念厚者
也故舊而曰不遺則可忘而不忘者也民之化也亦應于上之仁
興不偷耳且斯人有同具之天良而人心有樂效之古處操得為
之权興人相見于性情之地初不俟迫蹙之煩而凡共有其性情
者已可相孚于不介至行非以為人感德自篤及物此可以識教
化之原矣吾試觀之君子焉有位者一上之儀型胥戚胥眷之風上
爾詐我虞之習上有所甚惡于下下亦有所微窺于上則兩相遁
也溯雅化于雎麟備德者在薰陶不在督責躬行者閭閻之表率

會闈元魁卷

相親相愛之情共樂同憂之誼一有所厚期于下〻實無所觀法
于上則常相格也考郅治之淪浹入人者在德意不在文為〻則有
如君子而篤於親乎民之興仁可必也君子而故舊不遺乎民之
不偷立效也天下惟一本之動人為最切人之于人往〻有極恩
數之隆見者不生其慕而一同姓之身家時縈寤寐旁觀有忽為
之欷歔感嘆者水水之不忘人同此意耳由是推之授凡繩御之
猶淺也積篤慶之思而鶺鴒般憂于急難原隰幼畏其哀求纏綿
愷惻之誠僕隸侍從皆得見之傳之四方其遂以為風旨也且合
姓綴食時則無覩君子歌泣將之而民頑劾谿構之乎此必無之

事矣夫下惟厚德之感人為獨至人之與人往往有後先紛紜之意
聞者不致其思而一族人之姓氏常留齒頰行此亦遂有相傳為
盛事者古道之在人今猶不改耳由是推之餽遺推解之猶常也
念佩韍之盟而往來時殷于素知陳饋必先夫故感莫逮其迹之
悵此閭族黨皆自識之播之草野其遂以為典型也且婚姻洽比
孰無故舊君子篤衍奉之而民頌舊風爭之乎又必無之理矣蓋
斯民而既托君子之字則豈有不可還淳之風俗勿謂民忍民各
有心矣勿謂民頑惟民生厚矣即優游漸漬非可程功于旦夕而
涵育之既深德化亦漸然而自洽由一心之豫順以起四境和平

之化是之謂有本之治耳居予而既立斯民之上則自無不可歸厚之人心民之氣未醇也吾與之賡行葦勿踐之章民之情尚薄也吾與之歌伐木嚶鳴之什即三物六行猶待敷教于司徒而觀摩之既久戒諭亦循循而易入由一身之敦行以成国家善良之休是之謂恃源之化耳下施其親惟厚本支不棄其舊兼仁邦族措之亦有後先而化民成俗悉見祥和民只于仁獲全國有民去其偷尽祛本無致之亦有淺深而探本窮源要歸忠厚此可以觀治道矣

君子篤也

君子篤於親　一節　乾隆丙辰會試　史　圜（七名）

化民有本於篤與不遺者見之焉夫親而曰篤則已厚而愈厚者也故舊而曰不遺則可忘而不忘者也民之化也亦感於上之仁與不偷耳且斯人有同具之天良而人心有樂歟（從下一層說起境）古處操滑為（轉上一層曲折道出）之権與人相見於性情之地初不恃廸屢之煩而凡具有其性情（順遞而則字）者之可相孚於不介之行非以為人盛德自然及物此可以識教化之原矣吾試觀之君子有位者下士之義型胥戕胥虐之風爾（用反筆逼取則字以神刻摯）詐我虞之習上有所甚惡於下下亦有所微窺於上則兩相遁也淵雅化於雎麟徧德者在薰陶不在督責躬行者閭閻之表率相

親相愛之情共樂同憂之誼上有所摩期於下下實無所觀法於
上則常相格也考郅治之淪浹入人者在德意不在文為則有如
君子而篤於親乎民之興仁可必也君子而故舊不遺乎民之不
偷立效也天下惟一本之動人為最切人之於人往往有極恩數
篤與不遺所以能感民處先虛寫一邊擬出則字真體貼合題
之隆見者不生其慕而一同姓之身家時縈寤寐旁觀有忽為之
節便不費辭
欷歔感嘆者水木之不忘人同此意耳由是推之援凡緝御之獨
人也積篤慶之恩而鶺鴒憂勤於急難原隰匆畏其裒求纏綿悱
頓挫瀏漓
惻之誠僕隸侍從皆得見之傳之四方其遂以為風旨也且合姓
綴食譸則無親君子歌泣將之而民領勃谿擣之乎此必無之事

矣天下惟厚德之感人為獨至人之與人往往有修結納之廣者不致其思而一故人之姓氏常留齒頰行路亦遂有相傳為盛事者古道之在人今猶不改斗由是推之餽遺推解之猶常也念佩觿之盟而往來時殷於素知陳饋必先夫故戚篤遠具迹之懷比閭族鄙皆目識之播之草野其遂以為典型也且婚姻洽比孰無故舊君子燕衎奉之而民傾雀鼠爭之乎又必無之理矣蓋斯民而既抚君子之守則豈有不可還淳之風俗勿謂民忍民各有心矣勿謂民頑惟民生厚矣即優游漸漬非可程効於旦夕而涵育之既深德化亦新然而自洽與一心之豫順以起四境和平之

（先寫題意習沉鬱古雅）（敘寫題面一層）（中比如題分兩前後俱用總發）（放開合就勝乃鄉則字）（虛神）

化是之謂有本之治耳。君子而既立斯民之上。則自無不可歸厚之人心。民之氣未醇也。吾與之賡行葦勿踐之章。民之情尚薄也。吾與之歌伐木嚶鳴之什。即三物六行。猶待敷陳於司徒。而觀深之既久。戒諭亦循循而易入。由一身之敦行。以成國家善良之休。是之謂恃源之化耳。不施其親。惟厚本支。不棄其舊。兼仁邦族。措之亦有後先。而化民我俗。丞見祥和。民興於仁。獲全固有。民去其偷。盡祛本無。致之亦有沿溯。而探本窮源。要歸忠厚。此可以觀治道矣。

後一段補義更見周匝。

順收則字古勁。

送繪則字。

溫潤密粟。醇厚古雅。神氣聲色。直逼西京。 唐端士

舉子馬鈴 史

君子篤於親　全節　史圜

化民有本于篤與不遺者見之焉夫親而曰篤則已厚而愈厚者也故舊而曰不遺則可忘而不忘者也民之化也亦感於上之仁與不偷耳且斯人有同具之天良而人心有樂敢之古處操得為之權與人相見于性情之地初不俟廸屢之煩而凡共有其性情者已可捫乎于不介至行非以為人盛德自然及物毋可以識教化之原矣吾試觀之君子焉有位者下士之儀型胥戕胥虐之風爾詐我虞之習上有所甚惡于下亦有所微窺于上則兩相遁也溯雅化于雎麟徧德者在薰陶不在督責躬行者闡闢之表率

乾隆丙辰會試

相親相愛之情共樂同憂之誼上有所厚期于下下實無所觀法于上則常相格也考郅治之淪浹入人者在德意不在文為則有如君子而篤于親乎民之興仁可必也君子而故舊不遺乎民之不偷立致也天下唯一本之動人為最切人之於人往往有極恩數之際見者不生其慕而一同姓之身家時縈寤寐旁觀有忽為之欷歔感嘆者水木之不忘人同此意耳由是推之樛几緝御之猶淺也積篤慶之思而鶺鴒殷憂于急難原隰匊畏其裒求纏綿愷惻之誠僕隷侍從皆得見之傳之四方其遂以為風旨也且合姓綴食疇則無親君子歌泣將之而民頑勃谿構之乎此必無之

（旁批：動影息衰究沖融間）

（旁批：宕筆姿態橫生）

事矣。天下惟厚德之感人為獨至。人之與人往往有修結納之廣聞者不致其思而一故人之姓氏常留齒頰行路亦遂有相傳為盛事者古道之在人今猶不改耳由是推之餽遺推解之猶常也念佩服之盟而往來時殷于素知陳饋必先夫故戚莫遠具邇之懷比閭族黨皆目識之播之草野其遂以為典型也且婚姻洽比

何等風神

孰無故舊君子燕術奉之而民頑雀鼠爭之乎又必無之理矣蓋

中二比從君子順說此又從下截逆說

斯民而既托君子之宇而豈有不可還淳之風俗勿謂民忍民各

涵泳助則字

有心矣勿謂民頑惟民生厚矣即優游漸積非可程功于旦夕而涵育之既深德化亦訢然而自洽由一心之豫順以起四境和平

之化是之謂有本之治耳君子而既立斯民之上則自無不可歸厚之人心民之氣未醇也吾與之屢行葦勿踐之章民之情尚薄也吾與之歌伐木嚶鳴之什即三物六行猶待敷教于司徒而觀摩之既久戒諭亦德：而易入由一身之敦行以成國家善良之休是之謂侍源之化耳不施其親唯厚本支不棄其舊無仁邦族措之亦有後先而化民成俗悉見祥和民興于仁獲全固有民去其偷盡祛本無致之亦有淺深而攜本窮源要歸忠厚此可以觀治道矣

清微古淡如觀董画史摹王李山水卷脫盡凡格無一筆軟媚

君子篤於親　一節　　十六名　麦應龍

君子有本心之學務天下而皆歸於仁厚矣夫民之興仁不偷至難得也而篤親念舊者舉之則如響應焉君子亦還問之心耳且夫為上者必深考感化之具矣顧感化之具在於迹可偽飾也必如其心以相赴而其道始真真高疑治心之與革心兩事也而不繫於一念盡思愷惻敦厚之中即斯世天良之所觸發乎君子誠有要務矣夫君子之觀我而觀民也有學問而民之春教於君子也有性情天性所為不參以世故而弛人情素定不篤以新知而棄此存乎學問者也天見於復而勃然自發其隱微人返其初而

凉薄不容於寤寐此關乎性情者也顧安所得君子乎人誰不有親而能篤若甚鮮即此開不仁之端也人誰不有故舊而不遺若蓋寡即此成偷薄之俗也乾父坤毋而一本相維則敦龐之意可思川嶽毓靈而一體相屬則刻切之衷自宸君子之卓心也第自盡其惻誠未嘗責效於兆庶其本固自有在也而民之勃然翻然胥積諸此矣今使有一望治之君子於此方將漸民以仁禁民之偷而還間我身不免而間親新間舊民其許我乎度必不得之數矣於是略後應之機而并略後應之理草澆漓之貌而不能草澆漓之心化民誠不易易耶識若又即風俗未奏之時而深知原本

同其氣氤焉而已故譜者用性用情之摠也而相其世族以差其
質賚學術之著正以見不賢之均有殊愚也彼民也豈猶是出於
入息之舊乎義氣已振於君子則亦與君子同其浹洽焉而已是
民之性情亦自真而生也民之學術亦自真而出也非常之原黎
民所懼君子不為也養吾身之血氣陰陽措之不過在骨月之際
下吾身之喜怒哀樂施之不過在耆老之間而和氣積天下不啻
感無聲之樂敬心於天下不啻無體之禮君子之道平焉無奇
淡焉無象而已神焉而不可知罔上之私小民常有君子之民弗
為也得之最先者迅乎初遂以見天地之心本之最良者化乎習

遂以廣忠厚之澤由是仁之所積復罟之庠序而永其長養不偷之所至復消其獄訟以迴其善氣君子之民安焉無驚動焉自勸而已化焉而不可測矣君子固非以此為治民具也而未必非治民之善術也

君子篤於親　一節　　十名李　果

觀盛化於民風論治者樂為原其本焉夫民興於仁而遠於偷斯天下之化成矣乃其機固自上操也可勿原其本歟從來王業所肇端未有不本於仁厚夫其隨所接之親踈大小而務自消其亢戾者固以為道所應爾而初無與於民也雖然化理之原不必自民操之而皇極之建正可於民驗之蓋觀其動物神而流澤遠而後知天下之治惇大有由裕而然祥有自來已何則四方之趨嚮每視一人為轉移令聞或得諸小語惠政間出於流傳道路有天良輒無端而生其鼓舞故豈弟樂易於道則為恩誼而於治即為

神明天君之意旨動與百姓為流通至性深而外見者一二事殊
恩廣而顯被者一二人從聽在邇方乃不崇朝而轉相仿傚故和
平寬大上具之為懿德而下即裕之為淳風今欲訓斯民而使之
憮憮然進於仁也孰曰不然然而君子固有親矣吾有親而異視
焉謂此民何且夫屬在天潢不惡不講夫骨肉手足之誼顧不徒
貌為親之而更欲實有以篤之也篤矣其於親無間然矣朝夕不
忘孺慕而膳寢躬親好懸公諸同胞而猜嫌不作綢繆固結一本
於中之莫解夫非君子之仁也哉仁則天人而皆具之矣草野何
知毋亦惟是耰鋤箕帚未免[illegible]淩久乃忘乎其本然一旦聆君公

至貴而亦由修家人之禮如此也得不悠然動乎陟屺岵而念切瞻依頌角弓而心傷爾反夫孰無父毋兄弟耶而忍恝也今欲勉斯民而使之肫肫乎習為厚也孰曰不然然而君子固有故舊矣吾有故舊而簡棄焉謂此民何且夫世隸王朝固宜深諒其夙昔宣力之勤此正不至於顯以斥之而特恐偶爾遺之也不遺矣其於故舊有厚遇矣功念策勳之重勿替河山儀隆碩問之殷時從几杖寵禮優渥幾至於無以復加夫非君子之不偷也哉偷亦夫人所同惡者矣閭閻至朴而或且以觴酒豆肉偶有違言漸至莫然不加恤一旦見尊卑濶絕而亦下講布衣之好如此也得不怵

然愈乎肥狞可以遠賓縞紵罔嗟遐棄夫孰非婚姻族黨耶其輊違也整齊化導古本不乏牖民之方而非探乎其本原則扞格而難以為理夫人有親而皆知天顯之可念人有故舊而皆知情好之宜敦此非生人之本原乎握乎本原以觸所固有蓋自有不言而默成者焉初不必家為喻而戶為說而太和常在涼薄無闕自相率而歸於仁人君子之行莫親錄故聖王亦祇自盡其常而雖相通於性術遂四達而莫之能禦夫莫切於親而四海同愛莫重於故舊而四海合歡此非內根于性術者乎囿之於性術以靖其流漓抑又有不疾而自速者焉即極諸脩禮樂而官天地而順氣

成象災沴不生要不外此以為對時育物之端篤於親則民興仁不遺故舊則民不偷甚矣仁厚之所感神而所及遠也是在君子

會墨

李三

君子篤於親　一節

乾隆丙辰會試　三十九名　吳　鼐

盡仁厚之實者下觀而化也蓋篤親仁也不遺故舊厚也而民有不化者乎君子所為盡其實耳且帝王之治本于心心統于性至

已為後二比伏脉

性之積羣性所由通也心統乎情至情之發羣情所由協也夫惟誠動于此幾應于彼不待勢廹形驅而革薄從忠之意早已聯屬

次取

則孝弟分陡動　字　筆簡要

于君子隱微審察之間夫君子者立孝敬之極者也以作天下之孝則莫重于親以作天下之敬則莫重於故舊而仁者孝之本也

余抑已脉

倫者敬之反也此其風俗成于民而其感化實操諸君子君子凝

提頓開局高凝

承大寶培本支于百世樹國幹于千年受祖考之留貽原不圖效

于羣黎之愛戴君子推循兆庶體雍睦以訓行示典型而則徵沐
浴王之教化律昭治象于風草之機緘罔彌久則親疏衆諸父昆
弟我先王血氣之所分則我先王精誠之所在君子本至孝以推

上徹焉得從性已流出所以賦興之故詞彩亦極飛動

思靜則聯浮及于一氣動則通瀉于一身常則鶺鴒亦嘯也歌

一氣咳唾歷落渾古　衆寡之一義確至

變則跳驫亦感而泣老老而興孝長長而興弟油然沛然以直達
其生機而仁愛之流風充盈于宇宙一祚愈長則故舊愈少後先臨
附我先王櫛風沐雨所同憂即我先王礪山帶河所同樂君子本
至歡以服物毋以新進而偷老成毋以耆碩而棄間散毋以繼體
而先民罔念毋以微青而羅謹猝加職款而民守舊章職養而民

君子篤於親　一節

乾隆□□會試　三十□名　吳鼒

盡仁厚之實者一親而已也蓋篤親仁也不遺故舊厚也而民在

不化者乎君子所為盡其實耳□惟□□□□純乎情至

已○動○後○二○先○伏○脈

性之義羣性所由通也心純乎情至情之發其情之由斯也夫惟

誠動于此幾所于彼不待勢知形驅而華薄從忠之意早已默為

○題字○運○九○厯

于若于隱微宴寐之間矣君子者立乎敬之原者也以為天下之

契○筆○淵○雅

孝則莫重于親以作天下之敬則莫重於故舊而仁者孝之忠

全○神○俱○振

倫者敬之反也此其風俗成于民而其感化實繇諸君子君子疑

從題開局高出

承大者培本支于百世樹風聲于千年受祖宗留貽原不圖效

于羣黎之愛戴君子拊循兆庶體瘝瘝以訓行之典型而則傚沐
於王之教化肆昭治象于風草之機緘國彌久則親彌衆諸父昆
弟我先王血氣之所分即我先王情誠之所在在子本至親只推
上截所得處聲已透出所以能此故詞彩亦極飛舞
息韶則聯呼吸于一氣動則通疴癢于一身[illegible]則謳鴒亦嘯也況
一氣渺礴歷落渾古
冥則桃蟲亦感而泣老老而興孝長長而興弟油然沛然以直達
長長美雅
其兼撫而仁愛之流風充盈于宇宙祚愈長而故舊愈少後先號
附我先王撫風而所同愛即悉死不屬山帶河所同衆君子本
至大以服物毋以新進而遺老成毋以耆碩而棄賢毋以繼體
為先民國念毋以徼倖而譴猝加職教而氏守舊豫而[illegible]

明會墨

食舊德翻然勃然以共務乎醇古而偷薄之習皆洗滌而宴賜以

淡○遠○雅○德

勝于稟本倫出之常雖流行之以共厲之而不而渾然周結之意

倫○措○咏八極○料○酌

證乎同而自生苟且澆薄之思繩乎公而有止一下識于遠間親倫

成于新間舊然後之以自具之真情而於民熱于和氣洞濡覺烝

集之可樂教民禮順厚德凝於吉國形而有鬱乎君子體恒之久

足二比間此

乎上展親念篤綏厥兆民在民家咸之遠於華而華心香歸皇

結○東○高○古

極蓋制治休邦之術每代不同而端本吾則功百王而易守約

于寬容之間而寬裕乎億兆之氣為治者毋徒求諸民哉

伴款領與沉實高華勇於起然處着精神而思凝筆鍊

劉濟美

挺秉老勁蒼然入古中幅精神盎溢渾茂亦亦遒逸大家得意之筆、鮑蕃宣

洗盡感應浮辭研鍊各貴卑爾不羣袁小眉

亭亭老幹黛色参天此題陳臨川劉黃兩先生作古雅非常後人難為嗣音矣作者薰習深厚沛然出之而風骨峻整氣息雅潔庶幾追蹤前輩、秦季汀

君子焉　矣

君子篤於親　二句　周

與仁有道、君子本天以動之焉、夫親、天性也、仁、天德也、以仁之
篤親、謂非以天動之乎、且牖民之道亦甚多矣、然事必有所當
而化必有所自起、苟庭闈內慚、則本實先撥、欲民之家敦其實辭
耶、何則、上者民之倡也、故奉几授杖、常示以孺慕之忱、一歲者上
感也、故藝黍韋壺、悉本於孝享之意、則親可不篤乎、其詢育之
（組織工緻）
歟、饔飧侍膳、飯一再而難忘於暮、問安日三朝而不懈於
（引重）（兼存服）
崇祀南郊、議配無非以錫毛離裏、展報本追遠之志、其象
歟、肆筵設席、特歌號以言歡、醼酒豆籩、戒乾餱之失德、卽堅新

周質先文編　論

破缺風雨漂搖猶然以本枝同氣兾率德改行之心一篤親如此趣

要說

視斯特其民風何如耶夫民雖因物有遷亦無感不發一自覩君

二履霜即分承上二股

子之篤親則曰冬溫夏凊何膝學也春露秋霜什悽愴也油油

醒則字

則惻然動誰不念蓼莪之劬勞哉一抑民之賦質雖異而天良未漓

一自見君子之篤親咸曰式好無尤何耽樂也閱墻禦侮何孔懷

也其動也忽則其興也浡誰不羨常棣之韡鄂哉一而約有不興仁

收束亦圓足

者乎一蓋天經地義閭閻原有之恒性故倡而率之天彝之流呈

擬如桴鼓一天顯鞠哀草野時觸於窮寮汝鼓而舞之開之奮發

自迅如風雷一君子觀伯禽之受封讀元聖之垂訓知親之間

忘。而故舊亦未可忽也。

截發是古體華贍則時趨。所貴古而[illegible]今。自[illegible]數[illegible][illegible]誦[illegible]如[illegible]

君子篤

君子篤於親　一節

六名　胡中藻

德博而化、則亦風仁厚於民也、蓋仁親厚、故君子所自為盡之事也、然約於已而盡之即廣於民而化之矣上下詎有異情乎且民之於上緣端以為效者也故其理有以相屬而動皆有以相及夫民雖甚濶其命於心之同者每居於虛以與上待而至之同以為感者未徵於寔以與民迎則民之性情遂有所隱然吾謂理皆有以相屬而動皆有以相及者何也萬物相生之性每從其本循本以推而有自然之合天之道也昧其本之所自合而緣於末以相維民安得相生之性以樂焉萬物相厚之情各從其類倚類而與而有自然之求衆之欲也昧其類之所自求而縁于分以相瀾民安得相厚之情以御爲君子欲導民以相生之性務思有以自接其所生則篤于親乎分有所自渙渙之久而澤以衰莫爲厚之亦良歎耳然厚之而或縁于外以相矜則文勝而情不及其所爲加于親者終非其意念之誠也君子於九族之所衍蓋將惻然有一本之思爲故外甚勤其綢繆而皆動于一念之誠誰非人心若藹父昆弟独無意乎友其兄而篤其慶民亦將油然其自動矣君子欲益民以相厚之情務思有以自勤其所厚則故舊不遺乎权有所自弛弛之久而分以睽莫爲念之亦良慽耳然念之而徒縁于

虛以相恤則口惠而寔不至其所為被于故舊者終非其精神所
屬也君子于披懇之所勤蓋將殷然有帶礪之思焉故分不至于
踈濶而皆澤以神之所屬誰非人情者畢及朋友獨一人乎近其
光而習其教民亦其相釀而成風天然則欲民與仁端無責之民
也當求所以作與之本欲民不偷亦無責之民也當求所以作厚
之原何也君子于天下之志氣形神先潛入之而後顯出之與仁
不偷顯出之者也而其所為仁親厚故者久與之入而相潛以其
潛之所又導其顯之所出此固居乎一貫之勢者而惟無能相距
而升無能自已也蓋德入于其潛故不能不出于其顯耳矣抑民

於君子之志氣形神先陰識之而後陽敎之仁親厚故陰識之者也而其所為與仁不偏者即與之陽而相敎以其陽之所敎接乎陰之所識此固居乎自引之誠者不離不得自止而并不得自緩也蓋民識于其陰故不得不敎之于陽耳矣一有志化民之君子可弗于親故加之意也哉

君子篤于親　一節

州　袁　枚簡齋

端風俗者有其原不戈諸民也夫親者無失其為親故者無失其為故此豈以求民者而作與不偷見焉君子亦端其本而已嘗謂元氣養于上人心厚于下此其間不關運會也國家天倫之感耆老之臣縱不使天下相聞亦宜以柔道行之及其彰為樂和形為人悅萬物各有性情不使朝廷獨行忠厚觀上下相與之間而深有望于君子矣今夫君子立愛惟親人惟求舊此亦向與于民哉（筆意深美）乃其故可深論也父子弟兄之天下其情原息息相關自隔以名分而猶見深情則民尤有味乎言之故天潢之譜即為風俗之書

乇成頌德之樹名其事最依ㄙ動聽自屬在尊嚴而惓懷徃事則
民光感慨係之故詔令之頌如奉長者之教君子篤于親則民興
（秀○情○組○妙○不○）
子仁可知也故舊不遺則民不偷可知也數十世之支分派別徃
（心○云○拔○統○岩○）
徃父老能言其故其宗之子其祖之孫其詳悉倍深于主上一旦
屈尊而言志畧迹而言情在一氣纏綿者祇覺情難自已而民以
為吾君善處家人骨肉則篤之云者亦自民見之爾且夫布衣昆
弟之歡宴有難行于天子之家者于此而委曲周全天下安有不
可為之孝弟乎所為望明堂而見天性美數大臣之功勳官爵無
年百姓樂道其詳疇則起廢疇則盛衰其關切更深于私事一旦

不閒之以新不苛之以法在受恩深重者方思仰報無涯而民以為吾君不負賢士功臣則不遺云者亦自民獨之耳且夫猜疑忌望之情豈無處起于人主之側者于此而維持調護天下安有不可施之德惠乎所為對知交而懃菲薄矣得為天子之親寧非至幸然而禁辱悉由主意恩威出自官家于此不篤更無可篤之人矣民所以默然而責止之仁也孰知稱觴介壽共與于朝廷乎深宮置酒猶是從容子弟之年富貴無憂始知生長天家之樂逮至九族皆歌萬民齊泣則觀其大本大原而知一代和平初不関乎政教已為天子之故舊亦無他望是以或共河山于昔日或受鐘

（與讀處深江 其篤處）

皆于宋朝使其可遺不待故舊之日矣民所以惻然而慮上之偷
也豈知陰雨谷風先不形于宮寢乎保全有術而艱難尚記當年
終始如初所觀色皆存國體迨至諸臣雖老臣氣方新則觀其至
情繫縈而襲百年起化又誰及其古風我聞同姓必先穆考開基
之家大故不棄元公燕翼之謀當其時萬物熙熙肫然太和歷數
百年而騂騂角弓蹻蹻黃髮猶有聞焉者誠何修而臻此歟君子
及此社稷之福也
盎然太和之氣溢于行間如卿雲五色威鳳九苞賢愚皆以為
美瑞也　周新之

君子篤于親　一節　　九名袁承猷

以仁厚倡天下者惟情之乎非迹矣夫仁具于性而親親先之情流爲偷而故舊徵之篤焉不遺焉君子所以独伸其感哉嘗思一人光萬方而教愛敬而兆性之廣親親焉倣主行則爲趨則是相感者迷未足云性情之流通也夫一代肫䏲之治本天性以開其兆而百年忠厚之澤因人情而節其流吾心首重君子盖嘗綜論其性情矣皇裦之克寬克仁淵淵乎其靡不貫也乃入廟則全乎子睦族則称爲宗而世臣親臣咸得分親恩以波及于是民曰君子有親矣又有故舊彼棠棣[illegible]不之歌何曾閑異物之錫而寛仁

直滋諸言表意者其篤乎意者其不遺乎四海之型仁講讓熙熙乎其無可象也乃讀蓼莪則心惻賦角弓則志懃而遠甥速賓亦且由仁心以為礼于是君子曰吾民能仁矣何偷之有夫孝友姻睦之行不必待盃春猶路而仁讓已浹于寤寐若是者為與仁若是者為不偷而今窮徙君子與民性情之相際者窺之公胞與而作父母天下亦何人之非親而君子不敢混也親而以常人待之性有所难忍吾親而僅以常人親親者緊之性犹有所难忍錫先篤祜以來固心為愛綿然與年世俱永其篤也有蘊諸未篤之先者而乃于親而浹其纏綿漸則聖性仁如天乎然而已潜牖民之

性矣積新故而成世代天下亦何舊之非新而君子必有辨也故舊而以新進間之情有所不安吾故舊而祇以僅人処故舊者処之情尚有所难安报功崇德之時一話一言殷鑒惟老臣是念其為故舊也有切于故舊自為謀者而自不至遺以生其觖望斯則聖情厚如地乎然而已默化民之情矣今夫民性之共涵一仁也入孝出弟窮必盡為我君王而孺慕後予別念無良相怨一方仁下仕摧折焉而暫為之伏今自君子篤之伏者以起而各親其親亦且不獨親其親故敦倫飭紀之雅化神聖安安而統乎其天愚蒙油油而各正其性民情之流而為偷也爾詐我虞或且習與

性成而好惡有時而清蓋惡有時而旁其偷亦几經欲去焉而莫能自決今自君子化之決以致決而各厚其故舊亦且不獨厚其故舊故淳心厚德所感召其机捷於桴鼓之應而其原止操諸宥密之閒夫篤親者至仁之流厚故者至德之純若其興與不偷猶之乎淺也而由革面以底豹變深焉者可歷淺以馴幾仁體事皆有厚載物不遺乃止及親與故舊一似乎偏也而徹夙夜以迪吉康偏焉者擴指全之呈露篤親錄舊非有所為而為興仁不偷一不知其然而然此誠君子性情感孚之治也夫

君子袁

君子篤於　二句（論語上）　查□

君子篤於　二句　查

上作而下傚焉、君子先有其孝治矣、夫君子者、民所則示

故親者毋失其為親、而天下已無不仁也、民如此、世謂教化

風俗成於下、而門內之治茂焉、蓋性所不得而解者、勢所

固各自盡之誼也、可以觀感傚之理焉、吾以是思君子自古無一

倫之天子、而彝性所敦、必先婣睦之行、以是為立綱陳紀所由出

天下無不必臧之黎庶、而觀我於民、貴有淳良之化、以是為移風易

俗所由準也、故世有君子、本支之福、抑下民之慶、以其能篤於親、

開創之初、王者與伯叔昆弟、實有茲王天下之意、迨事定須封大

本朝歷科大題文選　論語上　卷

本朝歷科大題文選　論語上

（呂云情致婉折）

俗小者侯賚止此矣情亦止此矣君子曰賚止此也而情則何[illegible]釐以巻南文人其臨之誓以河山子孫其世之念繫同禮顧茲寳[illegible]氏族之賜應不足以將情之篤一也繼體之日天子與伯琳[illegible]有卒見昭考之歡追求章歸國歲有朝時有會義制之矣心亦[illegible]矣君子曰義制之也而心何日忘之金路可錫地亦可加之[illegible]隆舞亦可蹲也念屬雲漢顧茲蕪好慈意之加應不足以昭[illegible]綣也此心也上以之為親下以之為仁教者也國之人爭胡[illegible]

（呂云寫[illegible]）

君子貴無敵也猶克念宗好若此歟殆無不感以媿矣其

（情至）

也思企而之仁也其媿者思變也思變不仁而之仁也則

樂易之風矣。此情也。上以之為長親。下以之為仁訓者也
與語曰。君子尊無上也。猶不忌同姓若此也。蓋無不歌也
者。善頌也。頌君子之有以教我也。其泣者善情也。怖不畢
子也。則雍雍焉有和會之隆矣。都哉君子懿親以睦也。康者有
挽上古秀
幸哉下民。仁風可采也。涼竹知我矣
筆意極為秀雅。後幅尤佳。獨其上下截講似未合先正法

君子篤於親　一章　乾隆丙午會試　秦□四

誠孚而幾應焉今天下而歸於仁厚矣夫篤于親不啻故舊皆君
子之誠也與于一而民不愈其化機何如乎審思動事物之天者
上古下而智愚如然況一以貫
誠也至無心之相者概也夫身居民上凡取予性情之不容已者
周詳而加意焉麻其志宜若無與於天下而經綸憲度之氣遂以
積性儀仙
聯一世之風俗而共歸吾情性之中以是知德化之涵濡其感人
為在神耳何則君子以天下為家即民物皆吾胞與而夙有淵交
悅是弘聲
則懿親宗戚木支之維繫尤深益斯麟趾之恩恤示人以父子家
人之賢君子以大公為度則茹納不尚偏私而且有難忘覺老成

無聖風旨之綢繆可念蓼蕭湛露之澤恒動於生成秩甚之恩

吾見其于親也以云篤也于故舊也始不遺也君子豈有所驕于

民哉乃其民則已蒸蒸然興起于仁而偷風之頑息也蓋禮之至衷也

化端在敦倫而淳朴之風要歸寬大一本者天地之性以心之數

已透則淳原頭

愛有凝結而不可解者斯民固與君子共之者也乃同焉而浩

忘者徒無以動之斯君子之性近而彌醇所出所委至之懷日相

深於寤寐寐與地居處可以通燕飲倡和可以叶韻虎肫肫然

貴本活鮮致此時

相繫相結而流行于比閭族黨之間者遂不知其何以動也夫民

也室家相聚俯仰依依誰不油然其大順也哉一本厚者人之

同類之休戚有惻怛而不自禁者斯民又與君子共之也
還匹而若置者而無以知之耳君子之情久而無間而寬厚宏博
之量直容保乎子孫奕禩之餘世篤以摯誠之衷真可以通情
愫然相持化固而淪浹于洽比婚姻之際遂不覺其何以
感也夫民也桑梓無恙里閈熙熙寧不雍然其敦厚也哉遠邇寧
應請中識切二字豪透縱則字
一誠之貫徹衣冠言動之微意念愈深感孚愈摯也九族睦而倫
敘洽寡恩者自不安于心著舊錄而氣誼深結刻著有以形其愧
故有道之世民有私相淬厲而若不容于仁人之側者夫相摘也
則君子之振作者為巳神上下皆一機之鼓
黃酒酤之間感

鄉會墨

評論

信甚微習慝尤速也乾餱而有失德長者不□□之能違而習曉

風鄉黨且不齒之故大同之世民有修容修意而時怵惕于衾影

之中者化相浹也則君子之道顯者為之厚乃知根本裕則心志

自移人各親其親人各長其長三物六行之條不必修□師之命

精氣運則畛域盡融人不獨親其親人不獨子其子周禮周官之

法可行于上理之訓無君子仁天下之寶也

麟麟炳炳光光上騰而現象焉而不見著法物彪炳豈

山縣球玉舒卷風雲一種醇厚古穴之氣更溢於行間字裏

端端

君子篤　秦

君子篤於　一節　壬辰會下　馮　詠

仁厚操於上、可以觀德化之成矣、夫親與故舊、上之厚乎德者、非以

為民也、然而民胥傚矣、感應之理、固如是耳、嘗思聖治之隆、必要諸

至性、王道之化、不外乎人情、自古親遜之朝、別無移風易俗之治、而

就君子

其躬行力踐、本性情所大共、一之為道德、同之為風俗也、君子張其

兩○盖上下氣自渾古

四維、止有羣倫人紀之法、故上治祖禰、旁治昆弟、下治子孫、亦以為

性所固然、合家邦而自成其德、君子措諸天下、惟有家道治國之教、

○開○經○語○恰○好○

故貴老近親、敬長近兄、貴・近君、亦明示以風行自上、統貴賤而同

有異情、故君子者、民之準也、以受教承家、則一本九族、皆其共祖父

而分形氣者也貴不敢敵袝不與同親殺矣思亦從殺本支猜忌之
端偏自貴者始之君子所以綢繆無已也本根共庇而氣有可達嗚
鳥不關而情有可原夫亦可謂篤矣而又叶之以歌號燕之以酒醴
揖控鶯字
王人愚不掩義猶存家人父子之誼水源木本獨其親也乎哉澤也
豩稷車牛油然生孝豆觴袝席藹然生弟何其仁也亦近王近霸之
道所錫感而興也以忠厚立國則世臣大家所共披荆棘而闢草萊
者也功不言祿善而奪田人舊矣澤不加新也人殘刻之風倫于上
儆昇不遺
若甚焉君子所以委曲周全也稱老不名而禮不從輕議過自貶而
罪不從重夫亦可謂不遺矣而又無廢其先人無剪其子孫君公以

推治貴猶念平時握手之歡相親相恤獨其故舊也乎此民也任恤
（不偷亦確）嫺睦弗即于爭潔敬讓尊自遠于鬭偕同偷也安有尚德尚功之朝
而置陵不免也人道之樂有所由動各自還其天真上推風而下准
草太和之象有所由召苟尊卹其善氣過者化而存者神君子以德
自治訟獄衰息風俗醇美王道之興易易也

呂晚邨謂凡下句說到功效者必不可倒講此義利之辨湯王著
先生文亦不免萬曆間習氣親字兼一本九族與指父母非是又
上二句是正說字樣下二句是反說字樣對比說成篤于故舊則
民興于厚亦不是文之古雅精切未知視王著何如要自勝克獻

也。

君子篇

君子篤於　全章

江蘇張宗師科入金匱縣學五名　華廷相

君子以仁厚待人、民心不期而自動矣夫篤於親不遺乎故舊此則君子之仁也不偷也、上自克行之民心有不動者乎、且吾嘗遊（唱歎）（而入濡染大筆何淋漓）乎比閭族黨之間見當世之父老誦先王敦一本之誼厚老成之情者莫不自愧其天性之漓也即偶瀕者聞之猶將翻然而思反焉而況日被其化身當其時者乎然則長民者之所倡可知矣蓋（早華）上惟風而亦惟草朝廷自抒其肫摯草野斯進于休隆則宮閫也可以作明堂上如形而下如影君相自崇其敦厚小民斯去其澆離則廟廊亦可以當學校故欲民之興仁民之不偷不必求之民

也惟在君子自篤其親自不遺其故舊焉耳孝子悌弟之良自闗
闗來息試觀黍稷車牛愚民必日以奉其父觴酒豆肉蚩氓亦必
（高論緯）
以饌其兄以是知民心之仁本民所自具也故見王人行葦有飲
（以淡情敍吐屬之工追殊此睨）
食之惡棠棣有死喪之懷彼民也雖不能富貴之獨不能長厚之
乎則民之與仁也四海雖遙同於一室任恤婣睦之誼與世宙長
留試觀歲時伏臘民間必斗酒以勞其友冠昏喪祭田家必雞黍
以洽其隣以是知民德之厚本天所賦畀也故見王人盟誓及於
苗裔豆籩至於醑酤彼民也既不能利祿之而又忍欺罔之乎則
民之不偷也九州雖渙聯為一心然則將以仁厚為易乎不可也

今近驗之一家之內詬誶聞於箕掃後鮮仁風吝惜及于壺飧子多凉德況萬民哉（氣推色古出入兩京）必本根共庇尋斧不縱布衣昆弟關草不忘亦後漸染陶成乃不啻期會宣而桴鼓應將以仁厚為難乎亦不可也今近推之一黨之中家有孝子而錫類及于鄉閭里有淳風而麗澤及于遐荒況君主哉苟先帝子孫山河分王先朝耆宿礪帶常存則化行俗美自不啻風霆行而庶物生蓋在君子也睦懿親而崇舊臣者豈止思聳民志而動民趨而在小民也上之教而下胥傚者必有以敦其愛而厚其誼故其興仁也不偷也有不令而自行者焉

外間塗抹鞭索〻無真氣其主之者非也似此吐納風流吹噓

更盛直欲配霑潤於雨雲流聲徹于金石矣屈司馬長卿作制

義當亦不過爾〻　芳三

君子篤　　華

君子篤於　一節　徐葆光

仁厚之風自上率之者也夫民之興仁從厚必自親與故舊始也君子曷以身先之哉且夫為治者未有上作而下不應者也故君或有不極本根之意微見于外而民即殘忍之成風君或有不念勳勞之志偶動于中而民即刻薄以成俗然則仁厚以先人者其民可知矣

抑彼而則安游發道閔

人無論貴賤而莫不有親即莫不有親其親之意即所為仁也故有文相接有恩綢愛豈弟之心必先發于家庭骨肉之間亦無論朝野而莫不有故舊即莫不有篤失故舊之情所以不偷也故憂歡罔間漸舊無猜敦厚之思必流于卿鄉風俗之美故篤于親也不遺故

徐太史稿　　棣雅集

舊也此君子之事而莫非民之事也而仁也不偷也此民之事而莫

非君子之事也今將進民而竊冀曰爾其典于仁乎夫仁之為道德

為則子

盛而化成小民不知也然民即不知有仁而未始不知有親一本之

爲爲親而是今下

思九族之愛獨我君也歟哉君子之爲情備物吾儕識有所不能然

一順逆為親疏裕不假備則見其而矣

祊君子有俎豆而觴斝筥簠我亦可以薦馨香君子有牲牢而蘋蘩

蘋藻我亦可以宴昆弟由是而號燠之致慶即君子之所以大孝饗

也乾餱之無愆即君子之所以厚宗族也何莫仁也向令君子之教

本睦族而情或不甚篤也小民寧有聯于中焉是以親親之誼惟有

其意者為致足感耳今將進民而詔之曰爾毋即于偷乎夫偷之成

君默然而恭儉。小民亦不知也。然民即不知求勉于不偷而未必不知欲孚下。故薄徼澆之欲。華靡之樂務厚于君也。然誠君子之倫礼隆更吾儕誠有所來至。然而君子念舊勳而此則揆覺我亦可以洽此君子有宴享而觴酒豆肉我亦可與族賓由是而達淵任血即君子帶礪之盟也。伏臘歲時即君子會同之好也。何不偷也。何今君子之世家大族。而有一之或遺也。小民寧復歸于厚焉。是以敦睦之情推無棄遺者。凡相慕效耳。夫鑒于角弓而毋使昏姻之遠。吾乃見民之義相怨也。興于伐木而求其友生之樂。吾未見民之有失德也。甚矣仁厚之風必自上率之也。

徐太史稿

徐太史稿

為二則字着意。闊峽處。油然而清。嫻然而輝。則書來近人。師洛

君子篤

君子篤於親　節　　徐掄元

仁厚之風自上以及下也夫篤親厚故君子非爲民而爲此而興仁不偷民之相感周有所必致者凡惟民生厚因物有遷故刻薄寡恩之風其引之也有漸而忠厚長者之行其返之也者機司其柄者君子也君子不以民故始厚其親而本支戚屬之誼實命于天之不容已君子亦不以民故始錄其舊而布衣昆弟之歡亦根于性之不可瀉故其于親也緣情制禮施之有等敘之序而親者無失其爲親自不能以不篤也行葦有具邇之戚常棣念死喪之戚君子之親親君子之仁所自盡也其于故舊也記功錄遺處之

質樸

務錄典茂

有裁制之義而故者無失其為故總之未嘗有遺也夫日以失其不飛帶礪以保其永貞君子之念舊君子之不偷所自絕也彼民也即不愛其親夫亦人心也未有見君子之于親引加無已而不念然怵然于懷者一體之推夫即有靳焉要無不反本而躊躇矣民也即輕棄其故夫亦風好也未有見君子之于故舊委曲周旋而不悵然自失者隙末之嫌夫即有介焉要無不動色而相戒矣夫篤行之門異類尚可相感况同有血氣心知之屬函舊之意遺器尚其風肆好識不忘况平時嬉遊燕悅之倫故家人父子之情民以篤于我親者篤於我后誠非君子所敢望而谿勃不見于庭闈則才稱情親

其風猶近太古服疇食德之俗民以不遺其舊者不遺其君亦非君子所預期而睚眦不形于故人則終始惟一此亦僅見未流蓋教化之行風俗之茂皆自君子倡之所謂上作而下應者信不誣也

安得此長者之言往復數過仁厚之心油然自生　原評

與臨川作俱以含醖不盡為妙要當領其神味　儲中子先生

一味質樸而精采煥發與時艶政有雅鄭之别前後一氣條貫是弘正人家法　陳介平

君子篤於親　一節　　黃永年　二名

君子仁厚之化不言而喻也蓋民自有親民自念故仁厚之風作於上而興於下非自然之符歟觀古至治之世道德有餘而名法之事功業難究而福祿無窮天下相安於親遜忠敬之道持之既久雖數百年後之人心風俗俱可瞭然見之況朝夕之間徯應之

宗中數勢處銷用

捷乎今夫世之嬌固也基於民之相愛而結於民之相歡王治之

二一筆力起全局使緣　大開

行也終之在興禮和樂獨綸莫稱之為始之在家人里閈祥和無己之事故夫親故者天子與庶民感應之大機也吾聞有匹夫而化其鄉人者矣里有孝子不率亦欽其大順巷有遺士薄夫亦仰

乾隆丙午會試

其寬教長老相與扶杖歎息曰自斯人之睦於姻戚而苦少年鮮
子弟之過同心無風雨之憂觀法何可忘也又聞有世家所著為
令範者矣高曾有孝悌之行而孝慈之澤被及奕禩子孫念先人
之好而數世之盟猶若新知曰方相與動色傳誦曰我斯人之薄
於族黨而孝友爛其真誠交遊慚其長者流風何可訓也況於君
子者恩明而藹美風流而令從也哉一體惻之思流洽既溢天潢不
族而本支原屬一身此伯叔季弟幼子童孫所為呼吸相關也仁
矣乎君子之篤其親也而非為民也然而觀於此者孝弟之心可
以油然生矣夫分灋之後遂等途人斯疾凡民所與相惻惻也今

則周旋之地善氣迎人而親親之念衆與於其所不可過神明之誓久要不移盟府有帶礪之藏而雖有懟於猜狂十世以我之宗所共勞苦平生所同憂虞俱宜永矢勿諼也厚矣乎君子之故舊不遺也亦非以為民也然而觀於此者忠厚之意可以慫然動矣夫分位之殊遂乖夙好斯亦凡民所為指目也今則任卿之際鄙吝悉消而儇薄之習各禀於斯不可為於斯時也並極端於上風俗成於下民之衣君子也何其速而君子反若緩之緩之者何也入之必深然後留而能久也孝慈篤吉之行變雅羨滿當關國承家之始意若有餘故雖千秋萬禩之後風流非替不以事類俟棄

異[illegible]所見作

而惟峻厲嚴肅之尚不以意存風教而頒詩如象魏之懸禮昔之

於民也本不相期而民亦遂若忘之忘之者何也于之本無所

為追而相就也日用行習之事共此彝倫當改絃更化之初應若

古香字字崇象

涵鑠造漸仁摩義之久轉落蒼宣周之興也治尚親親而元公闢

諸書念欲禮一切官禮之制無非此意流貫於其間其俗之成則

古意當數不盡

諸詩所紀雅頌所歌皆可繹也此周之盛也

純是一片渾古之氣洋溢楮間豈復知為入股生活彼習為耶

皮厚肉脆骨柔筋而根饒綿綿以為辭辯亦可變其面目矣

君子□□

君子篤於親 一節 八名 張瑚

君子存其心之真天下相感於其真而已夫君子何事不體乎真也而親與故舊尤切焉真之所感無事不捷也而興仁不偷尤易焉不可於此覘治化乎且理者收之在耳目之前其收焉者其散焉者也心者存之在切近之地其存焉者其流焉者也心與理相際而出乎真之途則天下悉見其真之洋溢而各不能以自已此其道莫着於上是故君子為治不必泛求也在親與故舊之間民之從治亦無庸他求也在興仁與不偷之際此其中有真焉而性情出其中學術亦出其中天下何事非性情之用而有其切焉者

會闈元魁卷

惟出于真則於所暱就之處吾性情之繩繩不息者精神自有其貫注吾性情之綿綿不已者德澤自有其流通真之所在氣斯聚焉而氣之漸盈漸滿者遂以入天下肌膚骨髓之中而若相遇而若相忘天下何事無學術之存而有其要焉者惟出以真則於所愛敬之地吾學術之盡天者隆殺悉予以常分吾學術之知人者功德悉明其崇報真之所在法斯立焉而法之漸推漸暨者遂以動天下心思志慮之內而不大聲而不大色是故親者用性用情之始也而先一本以及九族學術之著正以見貧之均無餘歉也彼民也豈猶是舉車服賈之常乎元氣已調於君子則亦與君子

未端之故誠君子之於民而有不可必者乎古者親九族而九族睦克諧烝又齋慄夔夔以致詩咏刑于之什禮樂世子之篇君子之於親若是篤也古者君明臣良皆出同朝復有謨謨舊學者他如美一德慶一心此其人非自更置之也類皆培植之遺師友之列其能相與以有成也君子之於故舊而曾有或遺乎方是時君子祇自考其性情而民若相深以學問見所篤者而心動矣王者念懿親之樂而睦婣任恤之誼油油然洽里社而暨邦家見所不遺者而心愧矣聖朝有求舊之思而詐虞鷙忍之流復古處而歸忠厚民之興仁不偷君子豈至是而後決哉然則親之能篤並不

侍彌縫之術必俟閒隙而後矜全其秉彝之所喻者微敝舊之不
遺必先有慎選之方乃不至朝庸而夕舍則古道之照入者遠彼
民也不啻稱量而酬而君子之治心蓋不可以或苟發通乃可以
見遠微民實始於本身寬仁博大之治君子亦急先務已矣

君子篤於親則民　一章　五名張應宿

君子以本治夫下大其有及物之功也夫仁天下而必篤於親者本治也則夫由親而例焉豈有遺于親之外者乎且天下之道為之有次第而施之有本末故當其始也理不得不一及其既也分不得不殊〻事合歡異文同愛此寧有岐術哉一由君子而覌天下雖遠不越一心芸生至廣不過一本親也者固聖王所為仁天下以逺乎無窮者也孝弟之至而達神明倫清之治而先和順仁人於是無遺物之思周官洛誥始乎睢麟惇大成裕歸乎忠厚儒者是以有返本之論大哉仁乎守之貴行之利覌其所感可以齊物

會闈元魁卷

類之通焉而不遽求諸民也爵等栐履之礼民以為文君子不敢以為文也理崇其寔﹅則無欺無欺故無二盖其肫﹅之意行乎上者謂之親行乎下者謂之仁矣至哉仁乎体之信達之順樂得其歡可以喻性命之微焉而不外求諸民也菽粟布帛之氣民以為散君子不敢以為散也數取其增﹅則無已無已故無間此其亹﹅之源發乎下者謂之與發乎上者謂之篤矣兆姓一仁体也六合一仁區也撰以一人誼明而志壹还遶諸一本理聚而氣和上率祖禰下及子孫旁及叔伯甥舅以至放乎四海而不窮者知與仁之易而君子之於親固若是其篤焉也而其序不可紊也吾

闈之愛父母之所愛者無不愛也敬父母之所敬者無不敬也愛以及愛而愛不遺於故舊矣敬以及敬而敬不遺於故舊矣是以君子未有不篤於親者也君子而篤於親吾未見有遺焉者也何況故舊民於君子未有不與仁者也民亦未見有君子而遺故舊者也何有於偷夫民易偷乎偷生於睚睚生賣賣生爭君子之於故舊漸而疊之不易聯者不易渙此偷風所以移也偷生於怠怠生厭厭生離君子之於故舊勤而撫之恭其心者恭其天此偷習所以化也然而綢繆至矣矜卹深矣自非篤親而何由幾此哉蓋惟君子合乾父坤母之德以神然上彝其性可靜亦可動推之於民

會闈元魁卷

淵皇矣厥初之本意不在向風而在諮性納之愈深出之彌遠君

于之篤親早得仁道之大全廓高天厚地之恩以大推行其法可

大亦可以徵之於民見大理物慱之真机不在覌政而存考德存

之得其粹施之得其精君子之篤親更得仁心之不息致君子之

於天下亦大其及物之功而已矣

君子篤於親　一節　　趙青藜　元

宅心於至厚而厚不獨在君子矣夫君子豈以求民始厚吾親故哉乃觀於興仁不偷而知民之厚有自耳今夫倫類悉太和所鼓而無以發其機則其理隱無以彌其間而與情遷久矣夫民有可漸而至於敦龐之域而或不勝其羣類之分者君子以為其故不在民也蓋君子綏猷建極不徒任之以事而纏綿之至性固常流行於宮府一體之中飭紀敦倫並不敢委之以情而寬大之常經又必衆著其休戚相關之故且夫寂處之喜怒哀樂無息不與物相周而用意之深方將共篤其肫與況此一十之愛也未向草野

雲垂水立

割然變軒昂

脩蛇赴壑

墨稿　　乾隆丙辰會試　　尚友堂課本

問時雍先從宮庭講敦睦而同以好惡優以禮位民曰篤於親矣
不排○正面措詞○如
而君子以為吾同父之戚應爾也感發於生初理切於靜始斯即
仁所為周洽焉則亦孰無此生理而恐自封乎春酒羔羊末足將
綿○密中○饒○丰○韵
其勃發之深情而迴視君子猶肫然與伯叔兄弟合敬同愛已耳
國家之尊禮培養其事直與運相維而垂制之遠方將流貽於孫
子敢忘締造之始哉未與閭閻謀友助早為廊廟念勤勞而報在
姿○態○橫○生
社稷宥在苗裔民曰故舊不遺矣而君子以為吾優崇之誼宜然
柔○金○繞○指
也事不必其無隙心則惟其無間斯即偷所為預遠焉則亦誰恐
此隙末而先自開乎主伯亞旅競相勸於醇朴之休風而還顧君

子猶殷然與甥舅友邦序功序賢巳耳必皇〻焉為斯民成善俗
逆接筆勢矯脫
而姑以存吾厚者收其報則此念已處於薄而至性之陶蒸在無
欲者已摯必沾〻焉為吾君計施與而後以不敢薄者如其償則
此意未可云厚彼常經之率由且日用焉而不知斯太和之盛也興
應入講束
仁不偷民豈能自致耶君子固大有造於民哉
素也者謂無所與雜也純也者謂不虧其神也洮汰瘢結祓除
嘈囋題之真面目畢出是謂能守純素無膏澤而光潤生不刻
劃而文章成似彼妃青儷白鏤髮雕塵以空騁其華者盡奉此
為換骨金丹

君子篤於親　不偷　葉昱

王者恩隆于親故民皆化之矣夫君子民之表也誠篤於親而故舊不遺焉則觀感有由而民猶不化者豈理也乎嘗謂王道之成

高屋建瓴

人情屬而已人情有所不忍愍與所不忍忘者亦極欲致其纏綿無已之意而若遲之以有待聖王御世本其情所欲致以盡其道所當然恩明誼美有以曲中乎人情而風俗自歸于大順斯以知轉移一世之術操之王者一心之忠厚而有餘也今夫君子將以

望重[illegible]

仁帥天下之民而一洗其偷風者也然而有不可強于民者豈直民之不仁而顧即于偷哉風行自上而化起有原亦還問君子之

乾隆丙辰會試　尚友堂

（樂○將○甚○）

于親故何如者乎宗盟則異姓為後麟趾螽斯孰非吾祖父貽謀

（即○打○通○最○字○）

之翼知不顧以弱枝強幹塞天下水源木本之思也故敬宗睦族

（隱○將○仁○與○不○偷○攝○在○君○子○一○邊○）

君子當締造之初獨惻然念本枝于百世而恩意咸周酬庸與展

親並行股肱心膂儔非我國家倚任之資知無可以微眚掩棄開

天下刻薄寡恩之路也故旂德銘功君子于世及之餘猶慨然想

櫛沐于當年而禮遇斯重既錫之帶礪又固其綢繆棣華行葦瞻

（原○許○備○用○反○筆○逼○起○下○句○絕○不○猶○人）

殷于無尤式好之懷若唯恐如民之失德致傷一體相關之誼既

錄其前勳又恤其後嗣賜爵命官將要諸世世子孫之守自不至

如民之無良致有中道棄絕之憂是則其篤于親也有加無已也

雖復醉酒飽德莫踰其恩之厚也其故舊不遺也有隆無替也雖復時移勢易莫竟其澤之長也而以觀此日之民其聚族而處者初非若天潢世冑列屛翰于遐方乃聖天子篤念天顯且雅願諸父昆弟莫遠且邇而略勢分之崇聯家人之愛如此乎其懇以摯也而我民願以同氣之戚交相瘉而成相恁撫心必有所不安且凡共井而居者更非有簾遠堂高別尊卑于當宁乃聖天子追念老成凡唯願二三勳舊終始一心而以盟府之載獎襄事之勤如此乎其愷以切也而我民顧以平昔之好忘恐懼而嗟棄予自顧亦覺其甚薄是以仁愛之意藹然欲流而壯者力于田頒白不負

（從下）（備重君子身上卻從民一邊）

（看出篤與不偷則字不剝自醒）

藏孝親敬長衹順其常已蒸之為三代之俗敦樸之風穆然相接而嘉蔬以供老旨酒以娛賓獻新稱觥不忘有事並足以彰至治之休（點題渾成）蓋未有君子篤于親而民不興于仁故舊不遺而民猶即于偷焉者此王者本人情以出治而以情感情凡有情者皆相動于其微篤親念故情不能已王道之成固無所强于其民也（醞釀小題作結氣味淳厚）

處處扼重上截不作一感應套語鎔經鑄傳字叶宮商聲振金玉可扶大雅之輪　原評

温厚和平流于楮墨之外尋常意議任其摹寫自覺體俊而用鮮　刘文炳

君子篤於　二句　潘

親親之仁、君子所以化天下也、夫不篤於親、則仁之本虧、以化民哉。民之與仁、自君子始、且人主撫父母斯民之固其根本。而可使風俗之盡淳者也。是以家庭皆至戚之固相疑之事。而仁人聖主。往往見其為戚。而忘其奇疑。天下可與骨肉公之。區區閭閻。其何所私之有。何則、先王之世。其[illegible]深厚。粉飾太平。非能軼於末季。而當是時。天下之民。之親甘義閭里相率。必用此為務。可不謂仁哉。何所表率。而能若是。吾儒於上。高論古之識。探近本之論。未嘗不慨然而興曰。為民上者[illegible]

識十堂存稿

為其

予矣君子亦自有親耳上之親不同布衣昆弟而篤之意

提筆

相通古先王用意深遠賞罰之際有以觀其深也夫子之親其勢

偏則易以生嫌爵賞及於賢能而或手足不及其恩是吾德之

漢武帝如是中山靖王所由聞樂而泣也

不厚也謂天下何於是乎定分封之法每絲一字內者斷可

我周之先封若八百同姓五十而世不議其私桐葉傳封

弟而史不譏其過額且以為仁之至而義之盡者何哉源

鋒鍔剸犀

我之於親豈繫其人敘天性之地極其私乃所以貽其公

之導翕斯之和吾民亦久沐浴歌詠之矣至當其世也

之事家煩父老子弟亦愧於顏其尚俟君主之督責也

壁而出

耳天子之親其情驕：則易以自難刑罰措於黎庶

亡將無汗顏

免於殘是慘刻以少恩也謂天下何於是乎有議親之

行議論于典將古光華

青災者不妨從宥我周之先叔處有疵降在霍林圉矣

入

之故蔡胡改行復其位號亦明罰弗及嗣之心人皆諒鑒

而德之元者何哉屬毛離裏我之待親豈容自酷故九族

為過情毋為其不及情也閱牆無慮角弓無刺吾民亦毋

棨之矣生際其時而雍容推讓之風雖在孩提務敬各循其性

何待司徒之董率乎則釋焉仁耳君子篤親而民興仁此

罰之際有以觀其深也且大宗維翰內外有蟠固之形而

栽十堂存稿

雍百姓有身家之愛。享國長遠、未必不由此矣。為君子者急[illegible]
此君子忠厚立國之化也。周室之盛足以當之。賞罰二字[illegible]懸
日月

君子集

君子篤于親　一節

十名　燕候然

仁厚不遽得之民君子所為貴本務也蓋親故者仁厚之權輿也君子敦于上民胥然于下不可知所務哉今夫民氣之渟澆天亦不能為也善覘運會者察諸敦化之一心上有君子早立夫盎然優餘之地而台德祗先民行不距其所以道德一而風俗同盖非無本而然矣盖嘗試言之元理有自肇之處天性之所共即一人不得而私則其几不在應感胥淡無終封之理人情之所順即德人不得而遂翔其勢同乎風草夫君子其知之矣君子鎔情見性其于仁也將無待而葆其真則親莫先焉而非励乃功也然而君

子篤於親矣雅其心而好惡公聯其身而吉凶同則可謂委曲周詳者矣民之秉彝詎必家至日見哉當其敦本重倫敬宗收族識者以為此風俗之樞机而教化之本原也君子開誠布公其于倫也蓋無之而得其似則故舊猶厚焉非將以風而勉也然而君子不遺矣尊優以崇德修祀以報功則可謂篤敘不忘者矣惟民生厚詎必耆造德降哉當其礼元老親耆德識者以為此礼樂所易施而忠信所由熱也蓋生理之所自其無以鼓之使出即無以引之使入君子以類錫之民而愛敬之情油然以生族睦而於變薵諧而協中夫非其驗與故必世之事而捷其机于影響可知修道

君子篤於親 節

錢萬選

民有淳風上倡之也夫篤親厚故非為民也然仁而不偷實自君子感之耳今夫民生而仁者也亦習而偷者也（別開生面）顧仁而至于偷氣數為之偷而至于仁風化為之也是故君子在上政教敷四海惟務躬行實踐之圖肫與徧群生特崇敦本庸勳之事君子有親猶民之有親也而已篤也君子有故舊猶民之有故舊也而不遺也（文德古茂）王道起於閨門而公姓公族無非關雎麟趾之意力固其本支國勢倚乎元老而世爵世祿猶是河山帶礪之盟厚酬夫功德且夫篤天親民性也念故舊亦民情也吾見孝友禮讓之行倡自朝廷

而婣睦任恤之風被諸閭里則吾不責民之仁而先導以仁之端其興矣乎則吾不防民之偷而預杜其偷之漸必不然矣其在開國親親賢賢一示尊崇之體世道之所以享太平也其在繼世議親議故各存優恤之典人心之所以還古處也然則主持風化轉移氣數固君子之責哉

簡貴古茂彷彿商彝周鼎班駁陸離

君子篤於親　一節　　四名　錢應霖

君子作民之倡道有切於人倫者焉盖親也舊也皆倫中所重人篤且不遺而民因之矣倡民者端在君子今以一人而操千萬人之同然者視吾性吾情所維繫而先務焉則非徒以人治而相見於天也彝紀之中審其輕重而肫然不忍之意自流行於宇宙間盖以信聖教王猷胥本庸德以弥綸焉爾吾思君子聯六合以為家固非私昵於所生而獨豊其所逮敷五典以彰教因之親與為膚展而奮與為惟求遠而溯之五行循樂道其本原而況頎儀公子公姓公族者之繩繩而相繼也皆一本之所推也宗盟有加君

子依然周之道也而戴德者以為仁孝之風近而取之百物猶恒習其服御而況老成我師我友事我者之比比而相効也皆百年之所摘也無故不棄君子猶然曾之訓也而餘慶者以為忠厚之澤仁矣則民興於仁矣厚矣則民不偷矣民何有於性與而菽水油然民何有於几筵而豆觴肅然等威則其深也性情則其同也人人懸君子於懷來而遵符其懿好之素匹夫亦有至行而可以動神明下里亦有淳風而可以垂久遠歟於學者人也復其良者天也世世奉君子為模楷而必秉其激發之机施之者因乎分有綏而等有順而討不敢以不遺者上擬於所篤而旋至立應民風

自效其淺深不偷亦仁之見端而善俗者利用漸晉之者因乎型
美而文而誠若致其敬而誠若要必由所親者倫及於故舊而合
敬同愛民氣自積為和與興仁即不偷所馴至而化成者期在恒
聖人播為至教而成身不遇乎物王者升於大猷而正心在骵其
元民何幸而遇君子哉

君子　錢

會闈元魁

君子篤于親　一節　　　　顧之麟

仁厚之俗成于下君子以身教也蓋篤于所親而不遺乎故舊若子自為不薄矣斯民之仁以厚有由然哉且萬物有樸茂之意而聖上恒相感以自然之情蓋情之所鍾不言同然而意之所喻起子微眇則方寸之愷惻被之于家国而即樹之為風声也何則王者于民在道萬物之氣而使之和然而和於庙堂斯和于草野也取其事而自為之則風厉所及奚待詔之以會族合食而聯之以洽比昏姻王者于民在养萬物之天而观其萃然而萃于君公斯萃于閭里也得其同而先尽之則德意所孚羣然观洽於一旦一

詩一

觴而恭敬于雉桑與梓由是以言君子之所以動其民必有道矣今夫形合類聚之中而独標之曰親前惻然念其所由來則非無故以合者不容無故以離也況身為君子其所致于親者何求不得而顧諒于其施彼貧賤不將籍口乎故厚薄之數必有所剂量而加之[illegible]況則慨念於方苞方体之情形而一從乎厚以為側彼民也始則聞吳數而若驚繼且頋同類而心動以為此非独君子之所宜為也我父我兄期不負斯意已耳今夫往來交際之間而独名之曰故舊苟悠然溯其所自始則非傾盖如故者何容白頭如新也況身為君子其所收于故舊者何所不容而頋輕于一擲

彼愚頑豈知留意乎故集取之用必酌乎事机而過乎啟舊則致壓乎同感同休之氣誼而不燕予棄以相叙彼民也既覌感而想其忠厚復負念而愧其闊疎以為此亦吾儕之所可勉也此豈彼亦期無改厥初已耳貴賤之分不可齊而長覌睦故之忱人人挾其悅頹君子取諸怀而予之故其仁愛之心若久伏而作起偷薄之習若去故以就新即此日之敦篤淳龎而知人情寔為王道之太豈啻之力不同等而爱覿録舊之事人人珍此嘉名君子因其勢而導之故仁心雖屬自然而若觸于類而乃動偷風原其積習而若滌于慮而不知即亦日之纏綿固結而知四境不出户牖之

闇要之親親以隆天性之本源卹故以存祖宗之耇造初非塗飾所聞以為下觀而可化乃仁心為質而杕杜有歌示民不恌而谷風無作遂致世登古處進於不言而躬行甚矣民之興仁不偷非觀感于篤親而不遺故舊其道無由也

三　君子篤

第十八冊 卷五十三

君子質而已　一章

吳縣吳學師只　汪學舒
課本學一名

文質不可偏勝、為尚質之說者非也、夫子成之言、雖或有為言之、然而不可謂非失言也、子貢惜之、殆欲歸之于文質之中與、且夫為救時之說者、莫患乎矯枉而過其正、夫立説而至過其正、未有不出于偏者、吾惟惡夫下之偏而不得其正也、故以吾說正之、而後出于偏、則吾說之不正、其何以正天下、一如棘子成是已、子成之說曰、君子質而已矣、何以文為、是言也、蓋有為言之也、彼子成者豈不知文之不可偏勝、而質之不可獨任也哉、第以為世之好文也久矣、而惡質也矣、我于是從而正之曰、文與質不可以相勝也、夫文第不可以勝

（辨淹得之大蘇）

質則是質亦不可以勝文質不可以勝文而好文者之心修然其未已也是不若即其言而大反之以破其見而奪其所恃夫世之人方舉尚夫文也必不囿我之言遂翻然去文存質而竟以質勝也或者聞而思之而悔因而少損其過以益其所不及先王中正之道庶其可復睹乎此子成之意君子之心也乃子貢聞之嘆其為君子之言而惜其有駟不及舌之失其故何歟蓋救天下之弊者其意雖微而其詞欲平今夫天下之人其耳目手足目習于聲明文物之盛而不知返也天下之弊可謂不極哉然而有君子者出斟酌于本末之間而權衡于輕重之際使天下之人悔其過而反于中者亦必有道矣

（補出此意渾洽）

（高雅無比）

此之不知而欲持一人過中之說勝天下尚文之心夫吾之說必不
天下翕然服之者為夫吾說之誠不可易也既已過乎中矣而猶欲
以勝天下天下則豈可勝哉我有我之說彼亦自有彼之說彼是相
非而不得其權心則適足以堅其習而不足以奪其所恃乎成之言
何非思之甚也且使子成之說而果足以勝天下其弊尤有不可言
者蓋吾之為是說也雖必不能沾沾焉自明于天下同吾有為言之
也天下而中心誠服于吾之說矣必將盡去其聲明文物之盛而歸
于混沌樸鄙之習我之說則然其又何以禁之哉且夫今日之所患
與文勝耳文勝之弊不關盡質而去也究乎成之說其弊豈特質勝

而已哉偏勝以文者猶少有實意之存獨任以質者竟無復文采之
望變虎豹之皮而爲犬羊之鞟其患有若于今日者矣子貢因其失
而救之曰文猶質也質猶文也揆之天理準之人情以吾黨平心之
斡旋亦好
論矯一時有激之言本末之辨輕重之分非其理有未明特其言有
不暇耳聞之夫子之言曰文質彬彬子貢之言蓋本之此也而于成
何足以知之
破空而行如長河秋注一瀉千里武曹夫兄極賞其筆勢之豪逸

君子質而 二節 丙申

沈德潛

去文者流于過激，其失言可惜矣。夫子成有君子之心，故有去文存質之說，然不自知其失之過也。子貢所以惜之。今夫當時之弊可革也，而不可仍也；而革弊之論宜慎也，而不宜激也。苟革因一時之激，而不免于立說之偏，則革弊者亦歸于弊，而仍不足以易天下。此吾鄙之士所深惜也。春秋之季，知有文而不知有質矣。棘子成者惜焉傷之，秉君子之心矣，君子之論而思立說以勝之也。曰：君子質而已矣，何以文為？彼見上古之世，汙樽而抔飲，蕢桴而土鼓，無所謂文也；冬則居營窟，夏則居橧巢，無所謂文也。後之王

竹嘯軒四書文　　涌谿齋課

者。設以醴酪粢醍。建以宗廟宮室。列以琴瑟簫管。凡有文以濟之耳。不虞後之踵事日增。盡去古初之意。而陵夷至于不可問也。我華事事皆從其朔。去後起之文。進古初之質。所謂矯弊去其太甚者。應乃爾乎。子成之立說如此。且夫子成之意。豈誠欲盡去文而存質哉。蓋以人心之中于文久矣。中正之論。恐不足以勝之。不若也。其太甚者。與之相循。庶有以務其積習難返之勢。而文與質仍可兩存耳。子成之意。豈誠欲盡去文而存質哉。然其意則有可原。而其說則有可惜。蓋學者之言。天下所共傳也。鄉大夫之言。風俗所賴儆也。使世之聞是言者。因其言推其心。知為有激而談。則其

大方皋止。正以不著力成勝人。

按住

萬惜字作地步

君子質而　二節（論語）　沈德潛

說原可以共諒于天下不然而一室言之千里之外應之使崇本
枝末之心誤用焉而轉足滋當世之流弊不且與立說之意大相
剌謬乎夫以斯世之尚文而靡靡焉以不知所底也得一君子出而
挽之宜亦風俗之厚幸矣而立說之過適為尚文者所指摘而不
能有以相勝則其言非以移文勝者之習而反以堅文勝者之口
有其說不如無其說矣子成事後而思得毋自嫌于莫捫朕舌之
訓也歟駟不及舌子貢所為深惜也是知見無責乎立異言無取
乎過激思化天下而不思勝天下庶為君子之言而無負也與棘
不議子貢之說有合于務末文質之君子否

去文以掭文翻進一層乃倍見可惜處文之曲折點宕恰當騐

靳韓蘇　蔣斯年

波瀾起伏純乎古文看題亦倍覺意味深長　籛遠

君子質

君子質而　全章（論語）　高炳

君子質而　全章

江南劉宗師歲試鳳陽　高炳
金匱縣學一名

偏于崇質者亦未審其弊也夫文質相因而不可偏廢也偏廢則均失矣于成之說所以不可行也且人謂世道之日下也壞于文也不知文者先王所以治世之物雖世道衰而文亦因之以弊議者不以棼世而反以咎先王之文也亦已過矣何居乎于成而乃有去文存質之說耶夫使文而可去則先王必先去之矣且使質可無文則先王亦可以不制之矣先王制之而于成乃欲去之甚矣于成之失言也蓋天下之非無質不立無文不行質與文兩相為用而不可有低昂于其間者也使謂文可去而質可以獨存則試使參之被服雍雍

者而曰爾其黎冠既服而返古之草衣椎結也夫天下肯安乎否哉夫
文循質也質循文也兩者並存于天下而不可廢而于成周未之思
也且子成以為去文之可以崇質耶是不然矣天下之所以君于拜
起坐立而無忠孝誠敬之質者文之弊也天下既已無忠孝誠敬之
質而循習于拜起坐立之文而不敢有越志焉則文之功也今以為
偽也而去之則是徒廢夫拜起坐立之文而所為忠孝誠敬之質未
有以加于其故也天下之人既而無忠孝誠敬之患而外又無拜起
坐立之文以為之別則亂焉甚而俗益偽文之弊未去而質之實已
失矣然則文固安可去也哉不去文而天下即有萌僭亂之思者吾

據其文以核其實則彼之偽何由而逃而居于小人亦不難以立辨使必曰何以文為則鞟獨虎豹犬羊同存一體而真者無以別于偽偽者亦可以為真豈非大亂之道而奸術之甚也哉吁學者苟取于貢之言而思之則庶乎可以得文質之中矣

風利不得泊真可瞬息千里　王雲衢

說到去文而質不能獨存方見文之有功于質而于成立說之篇須得此快筆錯綜發明子貢之旨透徹極矣

君子懷刑

理

劉巖

君子非畏法也畏所以罹于法者而已夫必惧刑而後為君子豈刑
之所不及肯遂不為君子哉然刑不及而懷之則懷不自刑起也且
人之德日就而日上者其必始于有惧心乎不惧而怠之勝敬也此
恃德者之所以凶而惧而敬之勝怠也此修德者之所以吉也然而
可惧者其若之何則惧為其無德者之身有刑而心無刑以心無
所革也而有德者之身無刑而心有刑以心有所恃也故人以刑為
刑而於于不彼見為刑也曰此豈三尺之法令而已哉此天理之集
則也此精義之精衛也此昭察不漏之科條也此語默動靜之約束

也。于是君子蓋憮憮乎懷此不意也，而以心之能斷者定刑之律，以

無一字不奇警，無一字不虛。若離題外求奇，是飾[illegible][illegible]丹青也。

心之能華者立刑之官，以心之能聽者聽刑之辭，以心之能明者名

刑之色，以之改過遷善者作刑之曠，以心也自怨自艾者動刑之

務，以心之寬乎緩乎者決刑之疑，以心之泰然坦然者致刑之措。蓋

其心無時而不紆鬱，無時而不紆縈，無時而不糾纏，無時而不畏懼。

一字一淚。

人痛哭而始呼父呼母，懷刑者亦以髮膚肢體全歸于父母而不傷；

人情而始呼天，懷刑者亦以手足官骸對越于天而不愧其斯

以為懷刑之意，於其斯以為修德之功而已矣。

奇而肆。

君子懷德　全　其二　劉下第

人各有不去於心者而品以分矣蓋懷者心之所不去也察之於此而君子小人不已判然乎且有謂人藏其心不可測者此拙於相士之論耳夫心即善藏然即其所藏乎心者動於意念之際而時流於趨舍之間識者乃於彼所不自覺之地而有以竭之於其天所謂懷也故吾於其人之為君子也為小人也不待其行誼之既成而晨夕之所縈縈早若告我以其隱不惟其形迹之自護而意言之所疊疊有以相命於其終是何也蓋君子者未有不懷德同此秉彝而獨有殷然之致故其所據之為德者父兄師友不以

懷字正發而家

採領得沉着

老

是相督而獨此中有不欲自外者矣小人者未有不懷土誰無嗜
好而偏有甚暱之情故其所依之為土者理義名譽不足以相遷
而獨於此有不能自舍者矣出於德即入於刑故君子未有不懷
更老
刑內有以自樂外必有以自閑怵然為戒之致若言動間時有以
文法相絓抃者而將恐將懼不忘於念已土之戀必惠之貪故小
人未有不懷惠始而自溺其私既乃欲兼人之有嗛然不足之意
卓云
若傚塡閒當有以義利相衡遺者而念茲在茲不釋於中已凡此
共有公理於分得簡淨便不同
者同得其性之所近復各有習焉以相漸而遂積於不容已皆諭
其心之所明使互有說焉以相易而俱有所不欲更君子以德為

士。小人以土為德。要有信其獨是者而識趨之所專終古且分為學術。君子以不即於刑為惠。小人以不與於惠為刑。且有間而相非者。而意氣之所召畢生遂視為要歸。吾故探諸其懷而得而斷之曰。此君子也。此小人也。相士者復何以易此哉。

間架既老。用意亦極細貼。自不可廢。車雙亭

是平實不討好文字。試使今月旦家求到此老潔諦當地位。正未必不如海上三神山耳。漢階

論語

君子懷德　一節　　庚寅陝西　杜元勳　四名

就所懷而遞辨之有兩不相謀者矣夫德與土刑與惠所懷判然而君子小人各有專屬夫子所為遞辨之（參分者然）與且自邪與正之判然也久矣不堪比似矣而要有固結於中藏者正可極相反之情而還以相証蓋徑途迥別難強者在學術之岐而意量攸殊莫解者在精神之注從隱微以核品經對勘而愈明正不得諉造詣無定而彼此猶可代謀也（俱從對面起勢些健）吾蓋觀于君子小人而知所懷之不能無辨矣寧宙最艷之人情至君子而其心偏淡惟夫天命降而爲性維均天討設而王章不貸兩境之昭宣合而為一身之責備而中情

耿耿敢隕越而貽性命之羞古今莫逃之大分及小人而其任獨覓惟是耽樂從而藏身欲同揣摩熟而趨利彌工百年之荏冉止以供旦夕之營求而内念殷殷豈淡漠而忘室家之累蓋人之皆備者德也而身之所宅則有土人之宜畏者刑也而利之所棄則為惡吾且即君子小人之所懷比而叅之連而較之逸豫亦堪適（雙起）志而滿志躊躇獨得義理之悦彝良允足快心而寸衷繾綣惟躭（串發）晏佚之娛夫以職界之重也即令砥礪維勤尚恐以偶爾遺忘虧（法密理足愜心貴當）全受全歸之本量則陋巷不改性分中有樂地焉而于土何暇計（如環不辨）及乎乃小人之戀戀于此者亦不啻仁義道德之美而心藏心寫

不徒在茍且偷安之迹矣美利自公諸天地而心維法守時凜三尺之防鬼神日瞰乎高明而念切錙銖每壓多金之獲夫以令甲之嚴也即令檢繩倍密猶懼以一朝失足敗希賢希聖之遠圖則不貪為寳天君內自富有焉而于惠何庸念乎乃小人之逐逐于此者初何畏服就居宅之嚴而念在釋在不徒為昏夜乞憐之事（二比分看）矣㫖蓋有分致之功焉有合謀之志焉懿好本無形之物非關象（合看總無剩義）魏懸書畏安亦惟我自為何與朋從投贈德與刑土與惠所為一致而百慮也惟心有分寄而戀爾室之嫪僯仍畏大廷之公議戀閒居之逸樂復為壟斷之私登析吾心以為往復而熟思審處覺

論語

兩有者俛取懷而足即未然者亦竭慮而講嚴天威于時保謹身惟寡過為先馨地實以多藏利用乃安身之具德與刑土與惠又所為殊途而同歸也惟神有互用而召辱有驚心益覺令名之可（字字湊泊）愛持籌多奇策信知辭止之維寧一其神以相循環而並計兼權（結出勸戒）覺纏綿于理境者獨周而注結于私心者並摯況乎懋昭久而安（言言理愈足氣愈遒）（妙）土能敦深雪深而善人是富是懷之兩得者也而君子不計也無四方之志則敗名聚百物之精以賈禍此懷之兩失者也而小人（真然）不知也（而言）

迴環酬暢無義不搜。馮含輝

君子懷　杜

君子懷德　一節　　庚寅陝西　周元鼎　五名

人品殊而存心異可辨之于其微也盖君子小人之分各有其真子為並觀夫所懷而人品不已定乎且自攻取之殊途也斯精神必有專寄之處矣要其趨向之微亦各如其本量之所存而無能勉強盖人無異情而情有異用久矣夫處心積慮之間彼此不能相喻而品諸攸分直可揭其中藏維繫之故也（筆力挺健）今夫世有君子亦有小人豈非千古得失之林哉然懸其品槩判在終身考其淵涵基之一念（總領二比小九學小）竊嘗就所懷者而微察之物之兩有所嗜者必非情之至懷則有服之拳拳者焉（卓犖）當夫靜百感以為注則于彼乎此各不

容分念於旁蓋物之擾有所喜者亦非情之眞懷則有息之深者焉當夫澄百念以是圖將為公為私總永失全神於獨鑑則試即其各不相合之心以觀其至不相許之事氣載理而為德此非或漸于小人也然惟君子深究乎若有恒性之本而惺然思葆其天眞則懷之者有獨摯焉懿美本吾固有而稍縱即逝操存祗爭一幾微苟安者敗厥脩此念胡可恭也乃小人則不問性地之存亡惟計履境之順逆身圖自便以君子所不暇及者彼乃引為善藏之所是懷德與懷土有岐途無異情遂不已各從所好哉法輔道而有刑又非或寬夫小人也然惟君子借觀於明罰勅

法之條而悚然自糾于屋漏則懷之者有倍凜焉榮辱立判當幾（串入惠）而寡過未能愧悔已難寬幽獨貪鄙者悖乎義此情詎容妄也乃小人則大異矣神明之鑒觀非遠而宇宙之美利無窮封殖自私以君子所不敢圖者彼乃竊為中心之好是懷刑與懷惠有分見必無並營也豈非一往情深哉蓋是者忘念興固念殊趨而品地（有筆意沉著痛快）既分若有遞精其業之意天命即寓天王章精嚴若功令森安居且謀乎利藪況溺者貪愈深猶是方寸之經營而相去幾希竟各（義支神足）據焉一息百年之所係遂日休與日拙殊致而中懷固結且有兩不（文是看小人懷兩相對之旨愈酣暢）相入之情術譏秉禮義既嘆從欲者之何太紛馳貪縱者鶩紛

論語

華亦笑好脩者之徒形拘苦祇此隱微之條屬而充其分量遂顯
判為人心世道之所関此君子小人之分所為辨之于其微也
思力沉鷙精神團聚題義抉發無餘蘊而絕無經營慘淡之迹
此學養兼到極熟之候固應于人皆見　馬含輝

君子衆

罔

君子懷德　全節

俞之琰

聖人欲人慎所懷、而詳著其辨焉、蓋所懷不可不慎也、觀君子小人之辨、人亦審所從哉、且人品之相懸、不必辨夫行能之際也、觀其性情之所存、而固已大異矣、准性情分而品行遂別、則人之用其性情者、亦當審所處而用之也、故君子小人之辨多矣、而吾則論其所懷、凡從違之辜以命於意者為先、而永矢者又其意之所素定也、斯固從違所由決矣、抑邪正之概、以蓄於心者為貴、而念欲者又其心之所獨擧也、斯固邪正所由基矣、試以君子小人之立身者言、夫君子未嘗不安土、小人未嘗無懿德、然而所懷不在

懷字說得精細

互翻亦不傷理

轉筆緊嚴

此也一則慕理無術惟以勿休者謀性之安一則狥欲罔恤祇以

掉○轉○靈○緣○味○

太康茍求形之適而總舍自此異焉故均一懷也而欲勝則為君

深○長○　妙○趣○骨○出○

子慾勝則為小人已試以君子小人之處世者言之刑未必加於

對○語○圓○活○

君子惠未必私於小人然而所懷則若此也一則惧法之嚴發慮

恐乘於名教一則樂情之寬動念期厚於身家而向背自此遠焉

故均一懷也而畏義則為君子徙利則為小人已夫有德刑之懷

旅○綺○談○括○

則崇善去惡而業日隆有土惠之懷則溺心黷貨而趨彌下君子

折○入○細○密○

小人之名始一定而不可易耳而其發意之初則猶屬未定者也

謹○始○慎○微○二○義○更○不○不○磨○

以惠逆之幾而原於思永人亦辨之於早也哉御充懷德懷刑之

○理○法○明○瑩○可○泰○此○思○鋒

量則善無大而惡亦無小充懷土懷惠之量則圖其實而不惜其名君子小人之品始顯著而不可飾耳而其願欲之始則猶若至微者也以衆著之詣而基於隱深人亦謹之於細也蓋所以王者觀人之術考行莫重於徵心儒者懋修之功進業必先於慎獨誠以懷之所係者大也可不慎乎

逐句分疏累詞難免玩大註正以對勘為工文則善會註解中間兩兩相形彌簡彌肯後又推其所終極辨其所從生用意俱高人一層却是題中應有之意起股渾發懷字亦復深細不膚

君子懷德　一節

庚寅陝西　孫士拔

品緣情而異則所懷宜慎矣夫人各有所懷而君子小人即由此而分德也土也刑與惠也所懷顧可苟乎哉且夫人畢生之品詣莫不于片念基之而情之互歧者往往隨其意見之所到與此生（側儘無落筆力斬然）相尋于靡窮有不敢自荒之志而品日進于高明無容以自防之心而諸漸流于汙下古大儒省躬克己所以治性情而覘學術者每于可褢之所注定終身之位置而或者以為一念之偶然則非（大家典止）也今夫人自受氣成形以後原各具一秉彝之良而境遇之順逆每易淆之明罰敕法以來固時予以懲犯之則而人世之利欲動

論語

輒中之其始肇於毫釐其後遂判若霄壤古今來公私異趣邪正分途者大率由此然此第觀其迹而初未原其心也吾則謂人品

從後溯初由表探裏然後入題而筆筆醒透

之修分以君子小人定之而君子小人之由判緣所懷成之降衷有恒性人之所以得天者重矣哉遇而安固以厚吾生遇而不安亦以玉汝成彼卑鄙者類以身嘗試也而君子則獨尊吾德為此生嚴人禽之介則夙夜罔懈惕乾為徒聖綿精一之傳則瞬息時

題兩兩對舉皆須

深存養彼夫富貴福澤所以宅乃躬于顯榮者非不耀耳目而動

交互以觀其旨

以制酬之

人覬覦而以為或偷安焉此即害德之端而害德之漸君子不以為懷也世途有險夷天之所以處人者寬矣哉境而順于吾性何

論語

陸子靜講君子小人喻義利章環聚而聽者感動泣下此文亦復切中學者隱微深錮之病何減象山講義也　馮含輝

君子懷三　孫

君子懷德　一節　　曹鳴

别人品于所懷亦適如其人而已夫君子小人之事多矣而嘗于所懷始之人柰何不懷居子之懷哉于若曰夫人有念之所豈莫不以其性命相爲而思（稱懷字）之所結莫不以其志氣相從各堅其嗜而不能以代謀日遠其趨而不能以復反者其懷同而其所懷者異也是故天下有君子焉小人焉吾嘗微窺于事爲未起之先而分覩于精神畢往之際乃恍然如見其人矣無所落而爲善者君子本然之性有所受而增修者君子自然之情則吾見其懷德焉是德也天以之命君子即以之命小[illegible]也而君子者獨見夫理與欲之不兩存以爲吾一

有數□刻大題人讀本　論語　康熙壬辰

（照據上文）
念精竭焉而德已衰也吾一息偶安焉而吾德已亡也豈不能擇所
泱哉其心止知有德雖聚遺之以順適目不難有所新割愛恪守其（亦據上）
固有之良以定為承天之命也而小人反是矣不懷德而懷土矣彼
于生平膠就之途習以為便雖明知為義之樂亦終懦患而不前止（患得患失）
于目前快適之處據為可常欲轉思夫理之安反覺淵然其不肯斯（叙合君子）
時即有君子勸之以刑亦無以上以處私遷義彼小人且以為耳
其懷之異如此無所為而不為不善者君子生初之質有所鑒而不
為不肖者君子戒懼之功則吾見其懷刑焉是刑也主者設之以懲
小人非以警君子也而君子者獨凜夫邪與正之不並立以為吾一

君子懷德　一節（論語）　曹鳴

驟懷惡

事之近利焉而已入于刑也吝一物之苟得焉而即爲刑斜也豈不

怨懷惠

知取所樂哉其心常若有刑雖強加之以福澤衛不敢有所係戀以

少踰乎畫一之閑以是爲秉王之憲也而小人則否矣不懷刑而懷

對懷刑說

凛矣彼其趨之如騖者不辨禮義雖至于觸網罹禁而[illegible]貪則不暇

顧是非此此物然不釋者無遺錙銖雖心知作奸犯科而請炎則不

復計利害嘶悖即有告予戒之曰爾盡捐此患以守法奉公彼小人

且焉爲快耳其懷之異又如此要之君子者其德之修即土之安也

其刑之遠即患之避也得則兩得也小人者既已悖德即土于何有

也甚且犯刑其究安在也失則兩失也嗚呼人必于懷也可不慎

有韓序季大樂讀本　論語　君子懷　曹

有乾庚午秋大□□讀本　論語　考于撤　□

與○

二比中將義于與小人用之對照立義○趣向公私之間○推勘最精○

君子懷德　二句

陳松

德與土有異懷，人品所以分也。夫懷德則不溺于土，懷土則必棄其德，君子小人殆以此而分哉。嘗謂心逸者日休，心勞者日拙，似乎君子逸而小人勞也。然君子初非用心於逸，其汲汲皇皇，勉以全其天者，有甚勞焉；小人亦非用心于勞，其苟安怠惰，以便其私者，有甚逸焉。（劈舊義為新解。）逸勞之至而固有無厭，則固心逸日休矣；逸之至而營擾滋甚，則反勞日拙矣。其效殊，其心異也。然則君子小人豈不辨于所懷哉？有夫人之禀于天而性以定也，則有德賦早無私，豈獨遺于小人？然而為修為廢，非小人意中事也。而君子恒兢兢焉以德獨歷其懷矣。有夫人之擇所處而身以安也則有土豈專有數一獨嗇于君子然而為安為危非君子意中事也而小人恒擾擾焉則土獨入其懷矣而忘本無形之事而深之以懷則明命常顧諟焉有累吾德者日新以勤其被濯有益吾德者懋昭以進于光明夫人苟有甚珍重之物則必時顧而屢省君子以為天以德畀我則珍重之至矣而敢有須臾之忘與土亦何常之有而係之以懷則嗜欲無藏焉備百物以供飫一馬而心不足歷百境以嘗我屢進焉而躁日新夫人苟希乎快意之境則必沉溺而忘返小人以為我得土以藏之則快意之至矣而何能頃刻之或置歟懷德則必能崇德乃君子日進高明者爭

原批一常勝人于八百……累改
依從義說修德坊是
有本之則成性有ㄠ罔共義也
對亦精切

一間之未達懷土復何能安土而小人神馳逸樂之一覺遷徙于無窮懷德豈必無土其利用安身而有歎仁之詩是亦君子之土也而寬為懷德中之實效懷土亦依懷德甚縱志厭飲而有獲心之游是亦小人之德也而要為懷土中之縱慾且懷德者必悼惜于懷土以為吾之志氣專以謀理而恐隳而徒為逸豫敗焉毋乃自甘于廢弛而懷土者亦致譏于懷德以為吾之才智饒以謀欲而不給而徒為理道拘焉毋乃自取其困苦君子小人之懷其一往而不返者蓋如是也此君子所以為君子小人所以為小人歟

以下文整八比筆作四小品堅甚不同極致

德為虛但此亦最自無足貶

原批

分疏處詞簡而能該互勘處意多而不復　原評

道向處即有加功，固不當鋪厚德土，亦不得以務懷字並分別瑩

暢。務字溺字始終該舉。并為深明疑似，湛甘泉謂志在既德，补

不溺于便安。而意在便安。若亦不可與入道德。前後互筆得註一

間字吃緊深切。自非穿合無聊之計。師范

年家

山豆

君子撥

君子懷德 一節　　項煜

觀人於所懷、而君子小人見矣。夫情之所鍾、不可假也、故於其懷而得君子小人焉。今夫一往情深者、其人必非悠悠者也。悠悠者中處於不君子不小人之間、則方注於德、旋注於土、甫結於刑、又結於惠、而迄不得其性命所依歸。若君子也、知必有其懷矣、懷即自顯其君子已矣。若小人也、知亦必有其懷矣、懷即自鳴其小人已矣。孰辨其中所服膺偏于己、夙具之懿有津津焉、則覺所懷是德、而就其意所深安偏于人、爭據之處有營營焉、則覺所懷是土、就其隱念所極、若有借以自悚而勿敢弛焉、則亦覺所懷是刑、亟亟其求安所至、若有

處處俱從他人見得、如此体會入微

虓以相徇而弗恐損焉則更覺所懷是惠乃君子絕不知為德也小人絕不知為土也君子初非以如是刑可免也小人初非以如是惠可致也情一繫于其中則各有不容已之勢神一注于其際則各有不可奪之操若使君子皆小人之見則意念必強而不安轉令小人避君子之途則窮寒亦拘而不遷蓋同出一性而懷之致損相懸雖迥別一機而懷之狀反相似故君子小人以為懷也而人遂以為德也土也刑也惠也已矣乃人以為德也土　也刑也惠也而君子小人并不自以為懷也已矣

字奉寰合神

能出立論之

旨

骨節珊珊一往駿快　朱德升師

君子懷德 一章

楊炳

聖人于人品之異而因別其念慮之微焉夫懷特念慮之所在而
事為因之矣德土刑惠之間君子小人不大異哉子若曰以人品
之雖成也幾經層累而後成其為君子亦幾経曲折而後成其為
意思着筆
小人而要其立心之始發念之微即已有層累焉有曲折焉理以
細曲
辰而茁精欲以肆而日下則何不于其所懷者而觀之意之生也
兩層並到
必于其本有是根株而後漸滋漸長以至于不可遏意之發也必
先探其原
于其蒙始于涓滴而遂浸流浸溢以至于不可窮是故品彙殊則
念慮別君子有君子之懷小人亦有小人之懷也趨向分則徙遠

論語　一冊

[illegible]文　論語　一冊

決君子之懷雖再念而不為小人小人之懷雖再念而不為君子（剖出兩層）

也德非天所同賦者哉而懷之者則惟君子君子樂天也王非身（先述）

所自便者哉而懷之者則惟小人小人役身也假令與君子以居

處之安而君子不願也為戒慎為恐懼曰明曰旦常覺保守之難（決吾串）（又各透發）

假令責小人以固有之善而小人亦不願也為情慢為驕淫適志

怡情祇從耳目之欲此懷之切于當身者迥然異矣可以得君子（二比吊疏四比卻又總束）

小人矣而未也由懷德而充之樂于為善而並惡為不善焉借法（層層折了然）

以律身懷刑者何其歷由懷土而充之利己之所有而並利人之

所有焉損人以自益懷惠者何其貪斯時而為君子劝曰苟利于（亦先分後合）

君子懷德 一章（論語） 楊炳

墨卷式 論語

身何惜名義而君子不畏刑于明廷畢畏刑于幽獨不與汐也斯（懷刑寫得確）時而為小人戒曰苟即于悪將陷于刑而小人愛惠而忘其家並（懷惠亦然闊）愛恵而忘其身不之懲也此懷之推其極致者又絶不同矣可以盡君子小人矣夫君子而変其所懷亦可以為小人而析理者精明則嗜理者専篤故君子之道德終底光明（總收不懈）小人而舍其所懷亦可以為君子而辨欲也不真則從欲也不返故小人之沉淪究歸汙下然則學者于念慮發端之微可不知所慎哉

寫懷字細極滑兩層遞說之意章法亦曲盡変化自記

聖人必用兩層対説定有意在知篇章則懷德意反深懷刑意

。反淺看此遂曾批剥細入毫茫。而章法似兩截碎股。又似兩对

藝格変化之妙。莫可端倪。兆恒

君子懷

○○君子懷德 二句

江南鄭宗師科試溧陽二名 楊 喬

存理者勿懷居而溺情者必棄德矣蓋德者天理自然之安也彼懷土者何足以知此ㄟ君子小人之所由辨與今夫人之生ㄟ有所以為心之宅者即有所以為身之宅者而宅心之與宅身每不能以兼營而並進故意念各有所屬而人品于以分焉所謂宅心者何德是也命之于天率之于性非如後起之緣隨時地以轉移斯亦人之所宜篤念者矣若夫宅身者何土是也境不可常遇不可忽非如取勢之好可據之以為安斯亦人之所忽淡忘者ㄟ然而懷德者則惟君子靜與守也動與俱也須ㄟ弗離以為生人

之安安而無敢或曠者推此志也雖隨在而一不改其樂也而以

逸曰休于其何詡焉乃小人則懷土矣既戀于中復引于外始身

是乾直視為天下之廣居而莫之能尚者推此志也雖處仁亦〻

足以愉其甘也而晏安鴆毒逸自荒其德矣故當其始也兩人方

轉乃妙用倒裝聯

二比寫足兩懷字精

不勝循望之殷懷德者皇皇焉若失其所居而懷土者汲汲焉

若求其固有夙夜圖維各殫其心力而不吝以付責及其繼也兩

人復不勝意外之慮懷德者惴惴焉若恐其果見異而思遷而懷土者

者亦兢兢焉若恐其何得而復失寤寐旁皇各極其憂勤而不能

亦照是面句題收局緊

以暫釋雖君子非無豫順之境然然而不祈遂而不終而素位而行

行於以徵其所性然究竟小人亦竊好德之名然陽與之合陰與（透快絕倫）之雖不稱信讓義遺以濟其自便之私君子小人其用心不同如此而豈但已哉

將下句字面洗發上句題位將上句字面洗發下句題意止如一樹兩花枝枝交映朱黃一立依則迴互而實義各分明洪纖畢底之刻露清醒如把西山爽氣張展尖

君子懷德　一節　喬雲石

觀人于所懷而得君子小人之辨焉夫君子小人莫不有所懷也而其所懷則有異辨君子小人者于此辨之而已且夫人苟爲善不出于中心未始不可轉而爲利爲利不出于中心未始不可轉而爲善而惟其公私迥判而中心各有所主則必日夜孳孳以之乎其途而彼此不可以互易故觀其所懷而君子小人可辨也人徒見君子之徒善遠罪而以爲恒君子之能據乎德而遠乎刑又徒見小人之苟安務得而以爲何小人之偏戀其土而徼其惠夫君子小人之所以若是異者固有由然也蓋亦觀諸其所懷者而已矣德非君子之所

私也彼小人亦皆有之耶而君子若獨據之爲已有焉省身克己之
務而如者與緣華正誼明道之功而如玫取其權欲君子曰苟依
乎德是即我之所矣也而小人曰非也我固有其自服自逸者亦安
能為是孜也所也者乎夫德爲君子固有之物也而上邪小人固存
之物也乃備是其國有也而此惟恐其不遷而彼惟恐其或遷蓋其
精專之至而已思手足皆爲之畢集也已矣刑非君子之所宜畏也
彼小人者乃易入耳而君子則借之以自警焉可畏可羨之進而恭
爲誘人之百銳不快不求之怨不畢自新于爰書君子曰欲免乎刑
是即我之所利也而小人曰逐矣我次有其予取予求者亦悦之矣

論語

此旁皇惕息者乎夫刑為君子不必然之指也而惠亦小人不必然
之事也乃徹是夜必然也而此惟恐其或來而彼惟恐其不來蓋其
想像之餘而精神材力皆為之興起也已矣夫無所為而為善與有
所畏而為善者君子似有淺深之分而要其懷之之心則無分也此
乎德者人所刑而懷德亦存自然之約束惕乎刑禁進乎德而懷刑
乃能彊勉于樸脩德心誘其前刑心驟其後而君子之若欣若戚者
說本朱
時時交集于一心夫彼戀己之所有與所與人之所有者小人亦有
子
淺深之其而要其懷之之心初無異也淑情者必貪得而所懷在土
鄉攖人之美心為安覲利者忍自封而所懷在惠每循己之欲而氣

科大題文選

論語

辭土以藏其身惠以恤其志死亦人之治此者馳者亦時必死戰心

一念然則人可不以慎所懷哉（單收懷字）

起手單領懷字中二股將德與土利與惠串發後二股將德與刑

土與惠串說精警切實不落串發空腔

君使臣以禮

以禮使臣真能使者也夫臣亦惟君所使耳以禮使之非盛世之君不及此且泰交之道君與臣共成之也而實自君之下交始能下交者非抑臣以伸君亦非屈君以狥臣也道在以式已者爲臣之式而後可公欲使臣亦思臣何以爲君使乎夫臣非獨以勢使也以情使也又非獨以情使也以分使也臣實可以情使而君不用情以一念之尊亢者開臣子猜疑睽絕之路是不能合羣工爲一體也將離德者可貳則有貫通之禮在臣實可以分使而君不辨分以一念之弛縱者啟臣子竊權借竊之端是不能令羣工各

如其觀也將奸官者可虞則有整肅之禮在莫和於禮之用用一浹於臣隣則臣之遠者可使近臣之疎者可使感即臣之悍者亦可使柔所以聯股肱之愛而又不流於弱主之姑息者此也使臣者烏可不以之歟嚴於禮之辨辨一立於廟堂則臣之靡者可使振臣之玩者可使儆即臣之僭者亦可使已所以握綱紀之宗而又不同於英主之操切者此也使臣者烏可不以之是故有震疊之威則受之以節而文之以綢繆之度數不得謂貌禁而心衰也節文者禮之意君不過緣其意以為其變耳有柔靡之習則受之以損而益之以隆飭之制常不得謂法備而恩疎也損益者禮之

宜君不過齊其主以維其統耳不然威以脅之爪以馭之祿爵以（題有本旨使臣正從禮中說得……正先法）（結也……）

羈縻之君先絶其上交之路矣而何以使其臣哉（處無起講僅結）

以字緊對如之何一問趣的全在乎此豈得抛荒但以字不能空做文都納入禮使中層層洗發手法何等高妙篇中揭出禮使精神作用俱爲以字攝魄追魂豈屑描頭畫角

先正論作文單題爲難作文之法單題爲備悟得單題作法到手無難題矣略論其法如左　作文開講忌泛尤忌實須要擒得定又要籠得虛先賢所謂落筆要近勿說閒話落想要遠勿死句下是也反正總不論作文前忌突如何則不突

或借端引起或從上脫卸題前入來有情自不至有此病○作文貴有提筆然要提得有勢有力極奇突却極自然否則反成病塊　題前貴開局開局要寬展要整齊不寬展何異不開不整齊那得好看寬展之法在乎極力翻騰整齊之法在乎脩鍊詞句　寬展非寬泛之謂句句接題切脈却在反面對面發論將局勢拓開是謂寬展一味空腔虛衍既不對針又無意味是謂寬泛　作文局陣要寬氣勢要緊議論翻得透則局陣寬筆意出得銳則氣勢緊　作起比要牢籠題意冒起通篇方為得法運筆反正參用　作文有急脈緩受

君使臣以　二句（上論）　李青

君使臣以　二句　李青　太倉

觀於事使之際。亦各欲自盡而已。夫君曰使。無所徇於臣。臣曰事。無所覲於君。以禮以忠。其以各盡為際也哉。夫于以正對。君若曰。從來大分之所屬。不得以意為際焉。故朝廷有朝廷之體。而臣子有臣子之心。非曰酌其當而惟所擇。則亦因乎性而不可易也。公不忘君。臣之際。而義所以使事乎。既曰君使臣矣。則是天尊地卑。大禮之所從出。亦既曰臣事君矣。則是君臣父子。至性之所自植也。是故以君使臣。而禮即行乎其間焉。先王之使其臣也。裁其忠數而不敢有所過。詳其禮貌。而不敢有所不及。豈以為駕馭哉。分定於志。而儀準於情則範圍者尊嚴而握持者靜正也夫臣也智能才技亦各自見矣在上泯恩威之迹而在下絕希望之思蓋以禮焉已矣是故以臣事居而思恋生於其心焉君子之事其君也盟於幽獨而不敢有所褻靖於朝廷而不敢有所隱豈從在奔走哉學主於誠而謹篤於本則存於中者真至而見諸外者光明也夫君也天王明聖莫之可欺矣於世無容容之福而於躬有蹇蹇之修蓋以忠焉已矣論等威隆殺之節則禮亦多煩重之具然以朝廷之尊而行簡率之事非所以為禮也況乎澡躬浴德之主先自慎其威儀而後施其臨御則正於本者為易從矣惡在其有迂遠之數哉論氣節矢誓之候則忠似為不

原可通其義於三家之强惟禮可以已之之說

卓之名。然以龍比之心。而處梟變之遇。亦所以為忠也。况士立身致

王之人。先自正其學問。而後達其功名。則砥於忠者。為不回彪惡任。

其盛衰之感哉。故禮者。君之所以自盡焉已矣。而臣能有禮於其君。

即以之勸忠焉可也。忠者臣之所以自盡而已矣。而君能有忠於其

臣。即以之報禮焉可也。事使之際。亦微矣哉。

陳百史曰、為定公言禮忠。易涉時事。盡言際盛。又傻。漫。遠。不切。對

酌今古。靜正光明。恐無過我太青者。

玩註題有三義。正註兩平言之。呂註交互言之。尹註側重以禮治

見陳說君前。止重君道。其實呂註交互之中。尹註意亦該講理齋

文切魯將事做小起有定公承昭公之逐季孫擅立君之權等語
結句曰吾聞不尤三家之不忠而深咎夫魯侯之不能用禮也然
恐夫子無對君直斥之理此題自當以渾合為是
太青號竹君金壇人甲戌闈中文文起執陳大士卷薦元及頃求
心薦公卷文起曰遂之矣遂定第一

君使臣以禮

吳鍾駿

使臣有當盡之理、而禮在其所重矣、夫君之使臣、固有當然之理也、必以禮焉、斯使臣之道乃盡、爾且臣嘗讀易而知上下之辨定於履、履者禮也、嘉會之合取諸乾、乾者君也、惟君以理之秩然者凜居上不驕之心、實以理之當然者示接下思恭之義、無過亢亦無過疑、斯千古臨下之方、不外是、爾君問使臣之道、乎夫君亦盡其所以使臣者而已矣、我元公設官分職、而太宰八柄馭臣、有經焉、故一眡朝必正其位、一聽政必肅其型、無非以作恭恪慎威儀於百爾、我先公忠厚開基、而有駜三章頌君有道焉、故鸞旂飲洒以從公鷺振在庭而載燕無非以敬明德者溥恩誼於羣寮然則君之使臣舍禮何以哉干城之臣可使禦侮好仇之臣可使和離腹心之臣可使勞謀此君之量材器使也而非君之所以使臣夫人君蒞官行法惟恃禮之本乎天理斯臨下為有權耳禮有不嫌過厚者弓矢九錫不為榮禮有無嫌過嚴者鞶帶三褫不為刻準以禮而予奪皆禮之精焉而凡几杖琴瑟之優及臣工者又何論於采葛之臣可使大事采蕭之臣可使小事采艾之臣可使急事此君之臨軒策臣也又非君之所以使臣夫人君廉遠堂高惟恃禮之協乎人心斯泰交為有象耳禮以體羣臣之情位雖衣裳

不敢吝禮以戢強臣之僭緐纓曲縣不敢私餙以禮而偪威皆君
之柄焉而凡虛文厚意之逮乎臣僚者奚足云哉盖禮者國之幹
使以禮而國體於以尊即國本於以立其爲治內之臣則秩卷二
肯禮以明禮而非濫其爲治外之臣則葱珩朱芾禮以命服而非
誣至於來歸飲御猶且以包鼈膾鯉寵錫其匡于定國之勳豈故
爲是優崇哉亦曰我國家禮亦宜之耳觀於肯指之率從而知君
之待臣者渥矣禮皆天之經使以禮而天秩於以嚴即八澤於以
定以之朝廷有禮則九棘三槐禮之以特揖旅揖以之尊若八禮
則宴會四牡禮之以鼓瑟鼓簧即至遣師出車猶且以杕杜采薇

吳 居使臣以

軫恤其飢渴馳驅之席豈強爲是文貌哉亦曰我遇一介大夫有禮耳觀於股肱之倚畀而知君之優臣者至矣君亦有所以臣已矣稟經製式酌雅宣言五光十色照耀紙上而有定義以爲管聲故麗藻皆閑飛動聲竹雲

有本之言

多語色忠無盡

君使臣以　二句　　何　芬

君臣之道有各宜自盡者焉夫禮其臣非悅臣也忠其君非要君也是之謂自盡也稽古君臣相與之際爾俾者稱帝君未嘗自恃其尊事君者資父臣不敢自匿其隱情則相通而誼惟各盡也公問君使臣臣事君乎惟王建極設官分職使臣固君所應然亦當謹其褻越之漸也以禮焉率之以天經地義接之以溫恭和樂加之以燕享錫予激揚高厚之中而共凜天澤之分一都一俞豈後世一切驅策之術乎而君之道得矣學古入官議事以制事君固臣之素願尤當以坦白之忱也以忠焉讀靡盬之文而不有其家矣匪躬之哲而不

何環谿集　上論

何環谿真評　上諭

有其身儆無成之義而並不有其功結知遇於一日而留大義於千

古一德一心豈後世百爾趨承之文乎而臣之遭得矣是在君臣之三

各盡矣

氣象光昌不作一三代以後語真經世之文王曉堂

君使臣

君使臣以禮　周順昌

以禮使臣，真能使者也。夫臣亦惟君所使耳。以禮使之，非盛世之君不及此。且泰交之道，君與臣共成之也，而實自君之下交始。能下交者，非抑臣以尊君，亦非屈君以狥臣也。道在以式己者為臣之式，而後可。（句提綱）公欲使臣，亦思臣何以為君使乎？（所以當和）夫臣非獨以勢使也，以情使也；又非獨以情使也，以分使也。臣實可以情使，而君不用情，以一念之尊亢者開臣子猜疑惛絕之路，是不能合群工為一體也。將釜鬵者可虞，則有貫通之禮在。（亦衡云數下和字）（所以當處）臣實可以分使，而君不明分，以一念之弛縱者啓臣子竊權借意之端，是不能令群工各如其體也。將奸官者

右斷六比下嚴字 原許須惜字
可虞則有整肅之禮在莫和于禮之用、一決于臣鄰則臣之逖者
將添婉作樹形任史筆陰周密字
可使近臣之疎者可使戚即臣之悍者亦可使柔所以聯股肱之愛
然以字 原字爾分
而入不流于弱主之姑息者此也使臣者烏可不以之莫嚴于禮之
辨、一立于廟堂則臣之靡者可使振臣之玩者可使懾即臣之僭
者亦可使已所以提綱紀之宗而又不同于蒞主之操切者此也使
示蕃之流營見得當知案許又須知字
臣者烏可不以之一是故有震疊之威則愛之以節而文之以綢繆之
度數不得謂繁而心氣也節文者禮之意君不過緣其意以篤其
示知此流嚴見得當嚴處許又須嚴字
交耳有柔靡之習則受之以損而益之以整飭之朝常不得謂法備
而恩疎也損益者禮之宜君不過劑其宜以維其統耳不然威以節

之○術以馭之○祿爵以羈縻之○君先絕其上交之路矣○而何以使其臣

哉○

只○情○分○二○意○股○〻○生○下○局○法○既○妙○禮○字○更○詳○盡○貼○合○從來蒙語處

語○不犯一筆○　韓求仲

郭青螺先生謂單題須用柱干○此文以兩柱翻奏到底○須、看、其、柱、

中、生、柱、之、妙○蓋○從○情○字○生○出○和○字○干○是○有○和○之○功○用○迸者使近三

向是也○有○和○之○流○樂○弱主之姑息是也○有○和○之○對○面○震疊之威是

也○從○分○字○生○出○嚴○字○干○是○有○嚴○之○功○用○靡者使振三句是也○有○嚴○

之○流○樂○莫主之操切是也○有○嚴○之○對○面○柔靡之習是也○由淺入深○

層層剝入○故能一線到底○而無犯複之患○先將情使分使提出大綱○為通篇立局○起股從情與分帶起和與嚴二意中間正講和與嚴之功用又作[illegible]跟收住後緩

君使臣以　二句　金聲

堅八論君臣之事使有大道焉夫君自有禮臣自有忠以是事使分古弗可易也昔先王觀天下治亂之所出而樹之后王君公承以大夫師長蓋上下相與以有為耳以君之大有不能滿乎其臣始以使其臣為能君以臣之衆或不克盡為其君始以事其君為能臣雖然而既言事使矣抑亦及所以自為君若臣耳一必如之何而後可以使百圖所使未必見使蓋臣無禮乎其臣君亦曰唯諾無司百執事乎所共安危乎不敢忽乎豈真有積德累仁而偉獲尊位以令于賢士大夫之上而但以其勢驅駕之天下其誰與我毋亦唯是先王之成

印○使○重○申○發○義○伉○爽○有○大○三層

艾評用古有法然終又○拙

批為古○非如時人○雕琢以其氣向亦非他人所及

典在其守而勿失焉得是物而大可以立隆小之亦不失為寡過蓋

漢謨勝人熱關

子聞百度惟貞之朝其班聯亦猶是耳或簡其任臣不見遲或劇其

事臣不見勞以至澤遲而終不可為竊誅罰而終不可為戮也則當

遺焉已矣必知之何而後可以事百圖所事未必終事蚤已不患乎

艾軒用于書有遒俊逸處廣史書有遠不妨為拙若

其君臣亦同惟茲一人元良臣所獨尊親臣不敢欺臣豈真有奇才

史懷泰漢子雜斬其所異也余以胸未當史夫之粗坐尚實乎

異能而虛糜好爵以自託于聖明之世而又以其私避就之朝廷其

夫之序當安不能以理異教耳

焉用我毋亦惟是生平之素心在其出以從事焉獲是志而高可以

著于功名下之亦獲免于罪矣蓋臣門一心不貳之士其服勤亦猶

人耳時圖其便君不謂巧間為其難君不謂拙以至恃順而亦莫以

為缺匡拂而亦莫以為犯也則皆忠焉已矣且決定天下之志皆初
初宏陽抑：粗淺
非争以威力大分之在天地豈或藉千一日勝負之數哉穆：皇：
〇道〇昇〇氣
君〇莫〇尊〇于〇秦〇君〇臣〇之〇道〇絕〇于〇秦〇後〇未尚未能復也求差：近古
父以無所加于臣下而升君上之權且大負獲上之具者原無事于
奔走大義之在國家豈容參以人世報施之常哉蓋：詩：正以示
以暴于君父而明臣子之心一嗚乎怨望易生不得有所挾以交求君
臣人際若此其難得失有得惟患無所循以自盡事使之道不嘗不
易禮行則莫之致而至忠存則無所為而為其循盛世之君臣也與
古不足羨：其所謂古非今人妙經撰予以為古也古而與不足
羨：其所謂與非今人浮誕險謔以為與也一種淡宕曲折處吾
朱蒙批

所服膺艾千子

古而典也。淡與曲折也。俱不足爲斯文贄。即有勝人亦止是皮毛

上等第相去只有限。須得其至意丸流處。不肯爲擺設體面之言

所謂心不負人面無慙色者也。

君使臣

君使臣以　二句　　袁　枚（簡齋）

明其義於禮與忠、而為君臣者定焉、蓋使事之說、求之名而不得、求之分而愈不得也、以禮以忠、亦深明君臣之我而已、今夫萬物（役）各不相驅束於天秩而後動、富貴本非所願、發于至性而後亘古今君臣之交、原有所萬不得已也、夫惟明其不得已之故、而相與下制而行意斯分之而其班足、合之而其氣道爲公、欲知使臣事之道乎、使之云者、取其力以相助也、非君之所與任君、之（語語名雋）而忍背乎、故元首股肱、互為榮辱、必情文兼至而後分焉國臨件事之云者、出其心以相與也、非君之能取聽臣之自與而

（旁批：源頭落想）

諛□之雖從容慷慨各有適從性秉志孤行而後性情與宜情
如一然又非禮何以使臣乎臣為可使之才必非天為民卑
清月加字辭入兆
當汝臣恭曰又非汝呂狎侮之秋天子之顏色衣冠有
於此夫者以禮故也夫上下際先王寧不知為然而同歌共拜
存大雅之朝猶飲酒吹笙養明堂之和氣君見使之勞臣見禮之
清求寬在消禮人君當以此作康右理
樂亦曰三百六十與共位而秩序之非分實而役隸之者其去忽
恭敬溫文之意哉抑非忠何以事君乎一臣止有一心之外別無
子語妙天下
他具一心止事一君之外尚欲何求古今之人事天時可以轉移
於屋漏者以忠故也夫嬿婉形迹首人何獨無焉然而雞鳴可以

激方寸暴其風雷天保可以諫寤寐懷其日月臣不欺衷君之心

冀自享忠臣之報可知氣節功名僅發己自盡之一端耳平素挾

持之全力也其永守正心誠意之學哉三代無坐論之一存坐論

有味乎其言之也歟可誦

之禮豈必英雄抗節而爭之然不卑臣而君愈尊不賤臣而君愈

貴此中深可思也且君亦安能使臣哉君之使臣祖宗世入使

君也寡德之敬將於百爾君子徵得失焉而斷不斷事而分明

予哉用其材不傷其氣伸其柄不屈其風此豈柔文厚貌所得擬

其神情賢有夙夜之君即有夙夜之事豈必國諮察

之拂意而臣以為安君嘉功而臣以為罪此亦可念也且

此亦何敢事君哉。臣之事君，身心性命之事也；本原之純雜，將
于明聖之王鑒學問焉，而敢勿戒欺而求慊耶？故性情
恣淡，糾虔細而血氣不粗，并非俎豆馨香所能傳其心事。嗚呼！天下
有可以不使之臣，無可以非禮之使；天下有可以不事之君，無可
以不忠之臣。各行其是，此聖主賢臣之業也，相得益彰也。以殷
周之盛也不然，山澤風雲何年不在天地哉。

羞襲前人一語，而能以恬訕名雋推倒一切，此之謂斬新日月。

蜀陸建註

君使臣以　二句　唐德亮

君臣有必需之勢、非致其誠不可也。夫為君而所使者臣也、為臣而所事者君也、勢相須而誠不相屬、非禮與忠、君臣其將哉、夫子為定公告曰、天下之大義、一堂之拜稽是也、天下之大事、一堂之修舉是也、天下之大勢、一堂之趨向是也。而後於其勢、徒勢不足以控中外之心、較於其事、徒事不足以振祖宗之法、規於其義、徒義不足以發天人之應、臣是以俯仰君臣、而慨然於上下之交也。蓋古臣者、非一人自為一人之務、交相成而事使出其間焉、豈苟然哉。封建之制天而必徼天子下賜於列服、諸侯專封於鄰邦、其分幾無所定、於是强弱關馭之說不得不與於其時世卿之典傳而浸盛侯伯不入烝王人之班賢士反抑從大夫之佐其流將不可反於是去就夬擇之柄不得不生於其際若以語於君使臣臣事君之常則天之命也人之藝也衣冠禮樂之所萃也聖帝明王之所設也豈有所損益於其間故曰繫易至謙之六五言君也君至貴也而曰不富以其鄰略其貴而言其富而後知虛擁此中與財賦者非所以為安也廣饒此致帝筐篚者非所以為據也以公卿為其仕以賢人為榮既倚之而又懷之誼其與我乎其道自當受之以禮臣繫易至坤之六二言臣也坤至靜也而曰動直以方略其靜而言其動而後知非破動居者[illegible]

泣之精誠不可誣也然而動天者雖雨雷電之感猶不可恃也[illegible][illegible]
思其家君爾忘其身均是臣而其心有異此尚可問乎其道自當受
之以忠（白虎通所未及）禮者履也履諸事而安故考課不煩禮者理也理諸人而當
故咎責不作忠者中也中心藏而不去故一飯不忘忠者公也公心
義而不明故黨援不起聞有他術而不感者矣未有禮而不可感者
也君誠感之以禮而於何有下堂為讒之失於何有強宗悍室之憂
於何有前讒後賊之禍聞有他術而不行者矣未有忠而不可行者
也臣誠行之以忠而於何有功名不賞之疑於何有流言恐懼之越
於何有風慾不免之譏臣故曰君使臣臣事君未有出此者

顧修遠曰文思所至凝爲金石發爲神明[illegible]爲峰巒繞爲烟雨惟莫其特絶

千載視臣如犬馬一語惟吾夫子敢言之惟齊宣能受之

文章刻畫至此用不着奴隷呵叱字面以反禮字刀鋸鼎鑊等語以發忠字矣而況引堂簾爲一家視朝廷如己事種種油滑杜撰殊足厭人采臣此文原非正鋒但此等題忽出此境家常茶飯耳得交梨火棗豈非佳事

君使臣以　二句　　項煜

揭事使之經所以存君臣也夫先失其爲君臣者而奚以事使故惟禮與忠可以存之且吾觀凡爲使凡爲事者其間所以相與之故俱甚可思也剏君臣持世之大幾而或者謂德替而後議威責乖而始崇範然則禮亦非君臣所宜有又或者謂世運衰忠臣之名斯起國事壞忠臣之用乃彰然則忠亦豈臣子所忍言而寔非也宇宙以君臣存君臣以事使存而事使則以禮與忠存夫言禮即與謙沖之意近矣乃君之喙于使者或正以謙沖而褻其尊則知抑躬霽色之朝其可以長奸雄者不少而禮固有寓焉者也禮從乾坤之定分而起

以禮則非惟爵祿斧鉞之懷戴之而熏弁聞奸窺伺之漸亦憑之以消蓋溫文固禮意也即嚴重亦禮法也苟至是而尚有不爲所使者（才是）斯可咎臣之不忠矣而君固不問臣之何以事而必以禮言忠即與氣節之遂鄰矣乃臣之息于事者咸正以氣節而滋其憂則知慷慨（忠字内有本領在）激烈之輩其不堪對聖明者轉滌而忠固有徵焉者也忠從至性之真篤而出以忠則不必令君知其若衰雖喻至親密友亦無不可令君知其精忱已告天地鬼神蓋無隱固忠氣也若勿欺尤忠悃也苟至是而尚有不獲所事者斯可咎君之不禮矣而臣固不問君之何以使而必以忠攄之以君臣所爭使則禮與忠其欵洽贊襄之意名

祈必成其泰也以事使爲君臣則禮與忠其餘咸失恣之道急祈以扶其屯也丘爲今日君臣箴者惟此、

金華殿中語青蓮竅裏人字字做題目句句說心事管府之

君使臣

君使臣以禮

許乃安吉齋

為魯君陳使臣之道自盡其禮而已夫君之使臣分也亦情也而禮行於其間矣君可不自盡乎哉對定公曰君問君臣之道而首及君使臣夫君之於臣有相先也毋相待也權勢者千古不之則德意者一人自盡之私酌乎人心之所安而得乎天理之

抒寫題意並落大方

如是焉已矣論輔毅衆建之常君不能以曲體臣勞者曠臣所撫況狎亦胡忍聞也賞功戮罪事事稱天地祖宗之命以將所

損折有神　大露鋒

其所以將之者有本也論馳驅自効之志君不樂以辱諡至力

元氣渾淪

沒臣才矣然者望亦胡能備也遣帥出師殺ゝ借父兄子婦之言

警動

以籲之則其所以籲之者至微也然則舍禮其何以哉禮所ゝ決

嫌疑明是非別同異而以定天澤之位則分明分明而義彰義彰

而敬立大臣不問細務以崇奉為使小臣不侵重權以裁制為使

思議。會出筆。中鋒

而且使內臣無令親致暱也使外臣無令疎致疑也禮所為者經

拓筆。深透

而等者也夫暬御箕帚之役尚不欲以頤氣加矣矧其在堂陛之

尊嚴也哉禮所以經國家定社稷序民人而以聯上下之交則情

讀書。深。萬卷

洽情洽而意摯意摯而文生夙莫之朝以信使者恤近臣春秋之

丁筆○知○有○神
聽以時使者恤遠臣而且使者舊之臣不以筋力煩也使新進之
臣不以艱鉅困也禮所為以和而至者也夫微賤犬馬之勞亦甚
欲以臂指効矣然其受黼黻之眷佑也哉然後知采薇享鄉禮貌
一○語○面○徼○至
而非禮之精也有形之禮臣共見之無形之禮君獨操之故有時
臂○知○指○掌○推○勘○盡○致
近於寬大而不得以為恩有時鄰於瑣屑而不得以為怨恪恭之
念詳慎之所由生也至於承筐筥而奏笙簧其末節更有不足言
者矣然後知揖遜凝旒禮儀而非禮之本也有定之禮爾諸臣與
無○窮○出○清○新○自
為周旋之無定之禮惟吾君自為左右之故有時任以從容不以

是包孕不少

無功之事褻奇士有時加之刺責亦不以無事之祿養庸臣損益之宜進退之所由主也至於錫衣裳而綏車馬其隆文又有不足紀者矣若是者權壹而意中心安而理得臣於君有不可辭之誼分而君與臣有不可解之深情夫是故上下相先一德乎而君臣之道著也

攄筆周成

拔宋完密

廉悍精峭無義不搜絕似可儀堂稿中手筆

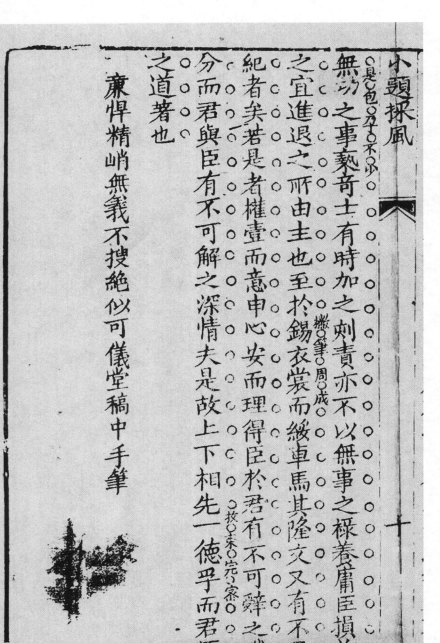

君使臣以禮

陳際泰

人君不欲輕其臣而知禮之上也夫禮其臣人君不並較而遂為盛德之事矣使臣若可無知乎且後世之人主以尊君卑臣為治夫尊君卑臣為治而為後世之人主矣古者刑不下大夫禮不下庶人刑不上大夫當其時人君猶有其盛節而國家亦不復損其威權此其三代之際也故臣願君有以效之夫生殺之柄亦非人臣所得與也而猶不宜有輕易踐踏之心一輕重誠無足爭為其開慢士之端此可惜耳抑君臣之分非待今而後明也而不必復有振厲威嚴之舉一振肅誠無所加為其有結天下之私或見疏耳是故人君誠計其

以以以君臣之迹則其實大其本義而治亦因之以降

以此論自秦始後世遂秦

君有禮則其分差明故曰天澤履以辨上下定民志

臣則使臣不可不以禮也夫士人有廉恥而後天下有風俗夏商周（前然吾言今日最宗不講此三字）

之盛王有道德之思焉不能槩以示於下而尊顯臣子於天下以為（不必說到功利去）

之端故其風之所被而子孫食之以有此具也後世易之君輕其臣（此却是）

臣用以自輕非所以厲其節也矣抑以人君誠計及於己則使臣人（至言）（以功利引之禮之本經）

不可不以禮也夫朝廷之廉遠而後天子之堂高夏商周之盛王有（矣）（君無甚遠于臣而臣絕遠于天下）

機權之用焉不能即以明其意而絕遠臣子於天下以為之量故其（無禮也君自輕）

等之所遞而天神仰之情有此道也後世失之君輕其臣君因以蔑（乎）（不必說到後数也）

輕非所以蔽其身也矣且為人主者必知君臣之分何自而起而後（此義甚精甚大而千百年以）（為枝蔓語矣）

不離禮於其臣太古之初未嘗知有上下、爭並起於世而後

就其大者而聽命焉就其尤大者而屏聽皆受天之所司而為志業者也夫君誠無所甚遠於其臣而可獨失其意乎且為人主者人必知君臣之名何自而定而後不敢不禮於其臣尊卑之說非必受之天地賢與位並重於人而之於尊卑則尊卑之出於天下之私加焉之於賢愚則賢愚之亦出於天下之私加焉各據己之所勝而為形名者也夫君非有所盡賢於其臣而可獨私其尊乎甚矣君之不可不使臣以禮也折之以威不如服之以禮蓋其待之也厚則責之也愈重夫人臣不自勉以全其身豈徒人臣也哉

天降下民作之君作之師君引賢以共治亦天也君臣本乎天禮

天○也○非私加

湯武豈能盡賢於伊周

亦○是○至○言

斷二者亦

天○字○……

陳大士稿　上論

湯錫光

即天秩天叙天命天討無非天也。從天看下。則君臣尊卑雖截然而相去不遠。蓋禮之等止一級耳。自無道秦以詐力為君。君非天降之君。於是務自尊絕。而與臣乖隔。禮意澌滅盡矣。後代未能反正其道。不過於其所行加修飾焉。宜其君臣之倫失。而治道亦不能復隆於古也。文中頗有出人之見。非後世曲學阿世者所知。

君使臣以　二句　　陳際泰

定事使之準其道有交盡者焉蓋禮與忠固君使臣事之準也交有以盡之斯泰交之盛乎且君臣若兩相須者也若無臣無以使臣無君無以事乃自三代以後泰交之風不可復睹矣使事矣乃不收其使事之寔虛主虛貴而式微借替之形兆君臣之分所以不分使卓矣乃或反其事使之用自擅自私而蒼衛否隔之勢成君臣之功所以不著自我言之君之使臣其必以禮乎人主之勢無所不至然不可不有以禮其臣良臣不與君爭進退生殺之權而獨爭此區區之禮且人臣而皆以犬馬自為人主亦安得而用之明主知其然故有

不敢坐視之公孫焉，有不敢呵叱之士大夫焉，此非尊以為臣也。待（叶已）之以禮而人臣自愛，肅之以禮而朝廷始尊，此雖名為禮，要亦權之（在功利上看矣）（便說壞了以禮作）所為設也。（源）故人主有以一人而厲天下之節，亦有以一代而培後世之風，其惟禮以使臣而已矣。臣之使君，其必以忠乎。人臣之分，事人固然，不可不有以忠其君。明君不責臣以巧趨曲媚之私，而獨責此區區之忠。（後世當隙間但有此意）且人君而皆以攜貳疑臣，臣亦安所而利之？人臣慮其然，故有不敢自匿之肝胆焉，有不敢自為之利名焉，此非尊以為君也。行之以忠而神明自鑒，將之以忠而智勇乃生，此雖名為忠，要亦（求斷矣）（不結不回也頓不淨）（忠之本）身之所為便也。故人臣有以一日而結主上之知，亦有一人而回當

何嘗至於若此其不可乎古之君子其精神甚周其于友交之途甚

勁○上穩○定○意之○所○忽　又求中比大○士每用此

謹故當人所簡略之處無所不致其難夫因豪舉而及之因私途而

格○吐宗大家古文法○也

致也人情所簡略者也然念後日之難處而必鄭重于其間則于所

好○會心

不簡略之處其慎又可知矣此以明君子所交無所于苟之大槩也

楊○藴○山○自○不

古之君子其慮始甚早其於取益之途甚除故當人所畏惡之名無

同○於○荀○文○若

所不獲其效夫後欲悔之而不能後欲拔焉而不可人情所畏惡者

也然由當日之求詳而遂優游於其際則於其不畏惡之名其效又

可知矣此以明君子所交無所不可之大同也嗟夫因不失其親亦

可宗如此交道之難也吾君子何以獨易此其故可無原乎

君使臣以　二句　理大　陳際泰

定事使之準其道有交盡者焉蓋禮與忠固君使臣事之準也必有以盡之斯泰交之盛乎且君臣者兩相須者也君無臣無以使臣無君無以事蓋自三代以還泰交之風不可復覩矣使事矣乃不收其使事之實虛王虛貴而式微僭端之形見君臣之分所以不分使事矣乃式反其事使之用上驕下諂而釜蕭否隔之勢成君臣之分所以不著自我言之君之使臣其必以禮乎人主之勢無所不至然不可不有以禮其臣外臣不親君爭流混生紛之權術爭也區區之禮且人臣所當以犬馬自處人主亦安得而用之明主知其然故有不欲坐見之於朝焉有不敢呵叱之士大夫甚也非尊以為臣

大家文選 上論

待以以禮而人臣自愛肅之以禮而朝往始尊也躍名為禮要有權

以務豁也故人和有以一人而屬天下之節亦有以一代子持後

世之風其惟禮以使臣而已矣臣之事君其必以忠于人臣之事

人固然之不可不有以患其君明君臣之事

責此己之之忠且人君而當以君輕薄論臣之亦在功而利之乃

其然故有不敢自匿之心嚮焉有不敢自為之利名

君亦行之以患而神明自鑒將之

亦身之所畏便必故人自有以一日

當寧也始其惟忠以事君而已矣各務惟夫後世過以分神懸也君

以天紂自奮既亢焉而不下臨露國人視君亦漠然而不翻然故必循

所謂禮與忠者而後人知有君臣之樂吾人獨怪夫後世直以名相誘也君以故遮自衛而不本誠意臣以宦寺自處而不要於道故必有所謂禮與忠者而後人知有事使之正此蓋三代之風而泰交之美也君當有以偏臣也

他有作者不過君臣雜論又失夫子對君一條於其題之

張受先

有實理有真氣然其實語又在行墨之外竟可作一篇箴銘讀

吳赤一

君使臣以

陳際泰

○○○君使臣以禮　二句　　楊以任

一

論所以事使而君臣之道存天下矣蓋事使者分也而道存之矣君以禮臣以忠顧不識歟孔子對問人主達人倫之極則事使其大端矣知天下之樂得其君父御一人之樂有其臣子也則與不有道焉以行乎其間臣觀有道之世其君穆穆而忘南面之事其臣師師而道藉稽之術使之事非以為文也于此識朝廷之者人且使之事也非相親而不相知也于此見臣主之同量然則何以使臣以禮而已矣何以事君以忠而已矣想為人君者經綸天下之未畢取于同性之微則創紛身觀物一來無間不喜與一二臣之于之秋敘乃其饒見也顧患于我者周于溫文晉接中有其一德即不然而因[illegible]

我易皆欲天下以廉恥之事鼓挾器而至可以使之不爭挾詐以至
又有以使之自媿蓋不齊者人之才與情也不必齊者使之而將以
後者則禮焉矣想為人臣者胥匡天下之志止用以進稱之中則向
亮心誠正以來無念不樂與明明我后共此後嘗當其事君也有禮
乎哉者圖于拜手稽首間廢其一心即不然而亦未明聖原堅翼于
義命之先是故一人矜挾而事之不敢恃其同寅理而事之深可思
蓋不一者時也升與降也不能一者事也而所以事者則忠焉至情
後盡以往為一旁之事以翊大夫雖亦入受其錫然其禮亦以
陵爾顯[illegible][illegible]陵故[illegible]勸[illegible]享夫禮宴一同之具也惟欲也以盡[illegible]
華[illegible]名選[illegible]遵[illegible][illegible]時[illegible]用具供界[illegible]忠[illegible][illegible][illegible][illegible][illegible]有[illegible][illegible][illegible][illegible]

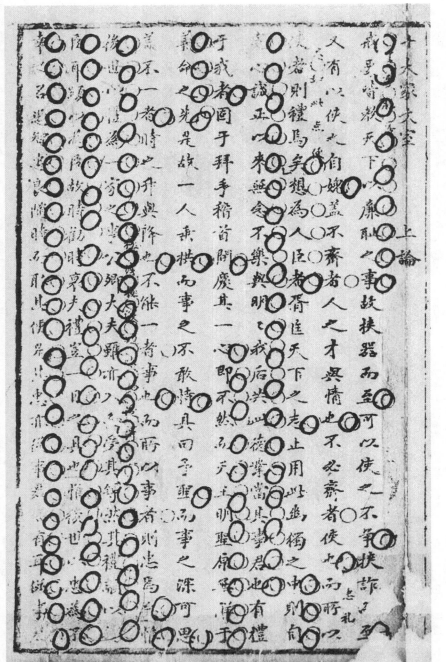

如有故時作時止夫忠奚一日之故也然則使臣者之聰明才力不
必盡賢於臣下也有禮焉而我不竊於用然則事君者之志氣才術
不必致惜於不知己也有忠焉而臣克有其終此有道之君臣也猗
歟盛哉公其加意焉

夫其陳言一切心朴性行之遂成至絶 方書雨先生

若貪發忠禮累紙難盡化古謨高化高為雅琴古香怨芙蓉蘇上
人也 溫物際

君使臣以 楊

君使臣以禮　二句　楊名時

正使事之經，所以立君臣之極也。夫使臣事君，分則然耳，禮與忠固不易之經也。然是何以立君臣之極哉？今夫代天出治者君也，代君分治者臣也。君臣之道相維于不紊，而後天下國家以久安長治焉。若使事之經不講，君臣之間或渙散而不相屬，甚非所以維此分於茂蔭理也。善乎公之問君使臣、臣事君也。有臣即有使臣，惟是股肱耳目之司，[illegible]則當盡乎其爲使焉，毋漫曰惟君所使矣。有君即有事君，惟是元首腹心之誼，[illegible]身也，則無苟且乎其爲事焉，毋漫曰惟臣所事矣。然則以何使忠其

銜紲者予以君之下臣也非謂其能爵祿之也以爵祿爲司拔功名
留貴乡不入于學士之懷矣又況以爵祿之故而加之像賢甄拔
[illegible]
紳傷士氣徇君餌歲固休戚天和以致陰陽[illegible]社
以爰徹柔[illegible]臨御之際皆本恭己之學以將之既無失
于非私[illegible]臣之于君也非謂
其能奔走之也以奔走爲職彼持祿養交以無嘗予聖明之知矣又
張以爲經微而飾忠交鏡愛領臣可貿賢領臣可對欲得成
我予生我身驛驛即露揚以未雨而愛國予愛家經營當堵之
也對揚之際愁本愼獨之懷以矢之既無失于不忠[illegible]

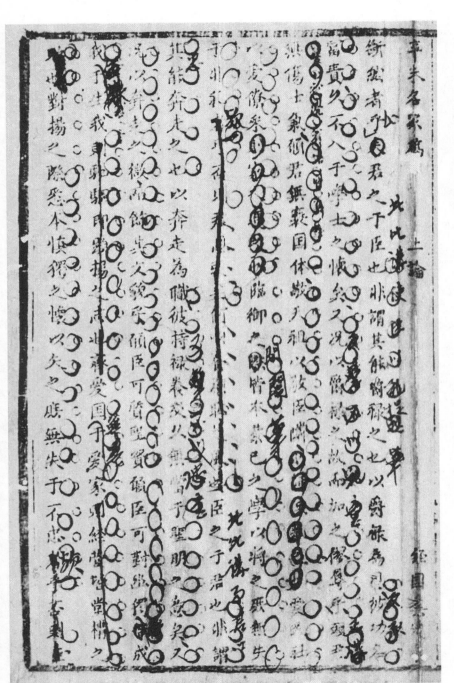

崇矣何以肅其分歡也乃知馭下之事在于恩威而非將以誠馭則威不生其恩而恩亦忘其威用是知礼之不可易也而君以礼於臣以忠應雖道原至性將因實臣師臣之遇而益敏其忱致主之功在于智勇而非遂以精白則勇不足捍國而智適以保身用是知忠之不可易也而臣以忠作君以礼遇錫頒出天恩亦念忠身忠家之氣而愈崇其作此君臣之極也君臣若此有不登天下于唐虞三代之隆者乎

于此題陳言宿習吐棄無餘爬搜剔其精理妙覺而運以靈爽出以矜貴其鍊精成液之候○有疑此文爲方稿不及時藝者彼但

本朝名家稿　上論

辛春名家稿

上諭

諸　二

知貌為輕新以掩其薄弱不曾見先輩樸實頭文字也似此闈中

肄外卑哉不愧名家矣集中登此種文亦所以防流弊也諸子求

可多得于師

君使臣以　二句

先達戊午貴州　熊元龍大容

聖人立君臣之極惟各盡其道而已夫以禮以忠維魯也抑千古使事之極得乎言乃正耳對公若曰自天地定位而泰交之象即寓於君臣從古明良之盛其勢相維其道相濟其心相結於不衰（華乃排并）故當時知朝廷之尊而亦有君臣之樂惟各循其分之當然而已垂為不可易也君以使事問臣：敢以正對嘗思古聖君之待臣（拙渡精卓）而知臣之不可輕也以父母之身而擇所托則其志遠焉以聖賢之學而用所優則其道尊焉臣之於君非細故矣策名而後他非（宇外出力）所期而獨慕此區區之禮使上以苟且待臣則菲薄士大夫之漸

反○面○抉○透

已為賢智所激竊而慕爵而來者爵極不言恩恩祿而至者祿厚

圓○活

沉○鬱

不知激至于廉恥風激而猶謂禮遇之無節亦已過矣夫君之禮非自使臣有也而使臣則必以之或為此論或為分獻肅觀聽即

唱○嘆○淫○泆○以○字○分

以正尊卑之體隆優恤即以聯宮府之情古帝昔王執物至今猶

外○着○精○柔

烏○大○參○風○味

在何獨至我而隳其典型況祖宗造士數百年以迄於君身者祇此幾臣也而安得以無禮令也君欲風示羣僚以一人之情悉協

略作羅○激○儡

乎尊上之情其惟以禮使之而已矣抑觀古良臣之得君而知君

古○屬○迴○非○凡○響

之不可負也異我於衆曰賢良曰御尹而姓氏榮焉聯我於身曰股肱曰耳目而安危寄焉君之於臣至高厚矣委任之際他非所

圖而猶責比匾々之忠使下以文貌承君則養交保祿位之謀已爲聖君所甚薄而智深者即疑其智才異者即慮其才至于堂廉隔絕而猶謂孤忠之莫諒亦誰欺矣夫臣之忠非自事君始也而

書卷之氣溢于行間

事君則必以之或經其常或履其變名且弗愛而何有於身家利且不私而何有於寵異禹皋伊旦性情與我略同何獨至我而讓

韻清情采曲折風度

其勳翼況高曾食德數十世以及於臣躬者無非君恩也而何可以不忠答也臣欲仰酬主眷以一己之心上答夫主上之心其惟以忠事之而已矣夫魯秉禮之國也忠又非臣之所絕少也使事皆以之魯猶可及爲與，

元貫之氣流溢紙墨間此種文最得舊人風味譬之日月雖終古常見而光景常新　馮含輝

君使臣　熊

君使臣以禮　二句　熊伯龍

聖人明事使之實而君臣之道正矣蓋道莫重于君臣未有可以漫嘗者以禮以忠聖人所為正告哉對定公曰天地之位定而君臣如君臣之志交而萬化興天下所厚期者惟此君臣而君臣亦無容以自怠矣公欲知使臣事君之道乎名分不可易使臣者君之所以為析也然明其為使而臣志安明其為使而君志肆其臣泰微乎辨之責職業不可廢事君者臣之所以成身也然以其事而策力出眾著其事而苟安生則邪正辨于幾微臣則謂使臣者措之而正施之而行惟禮為然萬事萬物待治禮而以感賢士

之心則小功特能用不能用耳殊事合敬位無入小而廉恥一別嫌明微勢無親疎而裁制同顧君無忽嚬笑焉夫士之使臣都有

（必推到此只是礼）（盡頭不徒造語）

（古隽）

光明端愨而服者矣有智取術馭而亦服者矣而紀之辟衍大體而無細故之嫌嘗考堯舜湯武之紛若不見末世之辭祇誅詆不足言也

（高挹群言）

夫亦惧守乎聖帝明王之意而已矣臣又謂事君者不負吾君不負吾學惟忠為然萬情萬理咸喻于忠而以處上下之際則忘宜特有王有不至耳善心未純不可謂我心之已殫乎道未亦不可謂天道之難回顧臣勿忘夙夜爲夫世之事君者有設中乃心而人不見者矣有二三其德而人亦不見者矣而盡臣之道

君使臣以禮　二句（上論）　熊伯龍

有是非而無疑信蓋嘗考皋夔伊周之爲臣而見末世之智勇功（不借此作鋪敘絕高襯筆甚佳）名不足稱也天亦勤思乎帝臣王佐之參而已矣之二者不可以有所待君責臣之忠臣責君之禮是交待而莫或倡也惟禮與忠彼此居無求之地而明良胥鬱之二者不可以有所移若自謂有禮臣自謂能忠是兩形而流于怨也惟禮與忠性命有相繫之隐則保定無窮（古致）君臣相得而天下國家有不治者未之有也

氣象廣大跡越不作一刻至語蓋由于前人發揮之小〻能更出新奇其一種血性粗浮語又知其于題無當也故斟酌而取其衷乃名家作文最有體認處原評

禮忠二字脫得如許高渾不涉一三代以下一語是為傑作陳

以剛

君使臣以禮　二句

劉子壯

聖人志古君臣之盛而為之明其道焉、夫使以禮、事以忠、古道之隆也、夫子為陳之、亦以為後之君臣者式與、且夫古之聖賢共有天下之事、而君臣名盡其所為者治亂之故、其所發者性術之微、當時君臣相遇、或見為義、或見為情、則以為其道如是正、何以言之、舉天下而一人為君、非有父子之親也、而其義足以相敵、然人之望其君也、過於其親、而何以使戴我者、一堂萬里、咸天下如一家、立一人而天下臣之、傲於朋友之義也、而其分至於相絕、然人之私其友也、過於其君、而何以使任職者、分憂同患、視朝廷如己

（正云二義奇而確然、非題外）

（對面說禮字意此轉方妙）

（反起忠字意）

事蓋君之於臣也。捐爵祿委尊權可謂至矣。然所望若欲有其體耳。無故而拜其堂下。無故而馳之域外。雖曰分所應然。豈獨無其意焉。士君子學為名賢。仕致即尹。四方之所望。萬民之所仰。如此而奴隸使之。其何以立於人者也。夫人君不禮於其臣。在為臣者亦第宜以義自處。以命自安。經是奔走之。而不為少卻。勞苦之。而不為加。情上人之心。毋乃有不安於此。且夫既已為之臣矣。既已使之矣。而古之人或曰友焉。[illegible]焉。師焉。何也。凡以明乎其為禮也。觀夫輿几之文。則君之所以慰其臣者可知矣。觀於燕享之序。則君之所以嘉賚其臣者可知矣。坐作之節。一飲食之費。一

之典於臣何損於家計於君何損於體統而或遂以為朝廷咸予創（notes: 兩妙大下）
國家所以治安在是焉豈曰禮貌之而厲其節也哉夫臣之於君
也委之所致之身幾無餘矣所得奉者惟此心耳異我於衆曰賢
能尊我於上曰官長雖曰才之所致豈無所動其心焉我國家養（notes: 入情）
士數百年待之以不次今憂已及於君父恥且延于士大夫而猶（notes: 不必說到此）
然文貌承之即無論匪辜國恩也夫人臣不忠於其君在為君者（notes: 解路精刻）
（notes: 總有意味不是尋常立法）
亦豈盡有其官亦豈必置之法獨是憂樂則公之同朝資序則私
（notes: 以上反攷以下正發）
為奏計苟有心人何獨無情於此且吾既以為君矣又與天下共
事之矣而古之人或窮悴焉讒譏焉猜嫌焉何也徒欲盡忠於其

君也觀於無成之義則功名且不得有之矣觀於匪躬之義則身家且不得私之矣第不忍負民第不忍負國第不忍負學（此句人說不出）即艱難不能得之時事疑信不能必之人情而遂以為人國存亡氣數所（原不必說到氣數之筋不但補眼）以挽回在是焉豈曰請共焉以報其遇也哉故欲盡其辭則必降之色欲盡其意則必樓之勤古者所以論君臣之樂抑大體而已不復有精神抑小心而已不復有性學后世亦徒以治君臣之名為君臣者可以悟已

秋園曰氣最盛華寵古味最厚此真骨性文字賈長沙蘇眉山合而為一人

君使臣以　二句　　劉子壯

聖人志古君臣之盛、而為之明其道焉、夫使以禮事以忠古道之隆也、夫子為陳之、亦以為後之君臣者式與、且夫古之聖賢共有天下之事、而君臣名焉、其所為者治亂之故、其所發者性術之微、當時君臣相遇、或見為義、或見為情、以為其道如是耳、何以言之、舉天下而一人為君、非有父子之親也、而為其義足以相敵、然人之望其君也、過於其親、而何以使戴我者一當萬、天下如一家、立一人而天下臣之、傚於朋友之義也、而其分至於相絕、然人之私其友也、過於其君、而何以使任職者分憂同患、視鄰逆如已覃然則使臣其以禮乎事君其以忠乎君之於臣也指當祿委事禮可謂至矣然所望者欲有其體耳無敬而拜其堂下無故而馳名所尚已健之域外雖曰分所應然豈獨無其意焉士君子學為名賢仕致師尹四方之所望萬民之所仰如此而奴隸使之其何以立於人上以來此以為交義愧深也夫人君不禮於其臣在為臣者亦莫宜以義自處以命自安獨是奔走之而不為少卹勞苦之而不為加情上人之心毋乃有不安於此且夫既已為之臣矣則臣使之矣而古之人或曰友焉賓焉師焉何也此以明乎其為禮也觀夫與几之交則君之所以答其臣者可知矣觀於燕享之厚則君之所以嘉惠其臣者可知矣

一坐作之節一飲食之數一錫予之典于臣何增於家計于君何（與○臣○意○爲○敬○數○體○敬○與）
（常）損於禮統而或遂以爲朝廷盛節國家所以治安在是焉豈徒曰
禮貌之而萬其節也哉夫臣之於君也委之質致之身幾無餘矣
所得奉者惟此心耳則我於衆曰賢能尊我於上曰官長雖曰才
（虛○擊○忠○字）之所致豈無所動其心焉我國家養士數百年待之以不次今憂
已及於君父恥且延於士大夫而猶然或貌承之即無論重辱國
恩也夫人臣不忠於其君者爲君者亦豈盡奪其官亦豈必置之
（言○之○清○況○說○爲○臣○以○當○統）法獨是憂樂則公之同朝資序則私爲奏計剖肯心人何獨無情
（省）於此且吾既以爲君矣又與天下共事之矣而當之人或竊悖焉

諫譏焉捐靡焉何也徒欲盡忠於其君也觀於無成之義則功名且不得有之矣觀於匪躬之義則身家且不得私之矣其勞猶恐負氏第不忍負國第不忍負學即艱難不能得之時事疑信不能必

（矣氣高溫清論精嚴）

之人情而遂以為人國存亡氣數所以挽回在是焉豈徒曰請共焉以殺其身也哉蓋欲盡其節則必降之色欲盡其意則必犠之勤古者所以論君臣之際抑大體而已而已不復有精神抑小心而已而已不復有性學後世亦徒以治君臣之名豈古今誠不相及哉為君臣者可以悟已

大力排奡古氣磅礴極沉著極動盪的是凌滄孫嶽之才　吳蒼舒

君使臣以　二句　戴有祺

聖人明君臣之大分、而定使事之常經、夫使臣事君、分也、以禮以忠、則有其經矣、夫子為定公正告之○曰自有天地以來○而君臣之名以立○或者第謂分之所存○此甚非也○夫君無不可致之於臣而第曰分也○臣無不欲順之於君而亦曰分也○群相諉於○分所以○君臣之名亦君臣之道隱也○公問使臣事君、夫君非臣無以使○臣非君無以事○是君臣者○兩相須者也○兩相須○所以聯堂陛之情○抑君使臣不求之臣○臣事君不求之君、是君臣者各自盡者也○各自盡○所以明上下之道○總則欲使臣也事君也、以禮以忠、曷可誣哉、蓋嘗觀於郅隆之世、

戴丙章真

〇力〇學〇思〇說〇論〇而〇不〇有〇

上論

知禮與忠有以勸其臧焉一世之事功君若臣交勉以圖之使亦所從出也故公孫卿尹賓師以隆之矣下之而暬御左右無忽亦矣焉則廉節厲而天下將形為風俗股肱心膂恍惆以將之矣小之而奔走宣力無忘夙夜焉則誠慤著而智勇皆本於性情益禮至不徒爵賞之文忠至非僅報施之迹爾又嘗觀於輓近之世而知禮與忠有以起其衰焉宇宙之名教君若臣震厲以存之使事之所由關也故貴賤有等朝廷肅矣而豫遠不敵自絕僭踰之階則無難植綱維於凌替靖共爾位官方飭矣而愚摯曲將一存匪躬之念則無難挽氣數於艱危益禮至而國勢賴以相安忠至而國運賴以相維圖刑

觧維開

賚。唯命君之權也。臣亦烏敢責君之禮。而頒藏肥必禁。儀文必飾。一稟予嚴恭寅畏之秉。有不衆著於尊卑隆殺之義也。茲誠偽各出。臣之心也。君又烏能必臣之忠。而顧危疑弗顧。語言不恤。不挠其精白自矢之概。有不自致夫天地鬼神之諒也。故古君臣使事之際。情至義盡有如此者。

中二比包括宇宙。如日月經天。萬古常新。

君使臣

君使臣以　二句

魏

著事使之經如其君臣之分而已蓋能以禮忠自為而君臣之分
始攄夫子豈備為定公告哉若謂明良相與之際亘古執物之極
也第患儀文盛則精意微報稱明而感通薄故繼君與臣要各有
（魏使須看）
所以自盡焉何則理有所不可易必情文兼隆而後見一代之禮
（分離有法）
迭分有所不可解必內外交盡斯可見泰交之志氣使臣云何惟
（高一層說朗潔莫闊）
曰以禮人君自學為齒讓以來敬天法祖無在不著珪璋之度豈
臨御百職而敢稍自懈與夫禮開朝廷也即以愛群寮彼夫真
（情文並妙）
蕃之意勅以端冕凝旒和悅之文將以承筐鼓瑟其所以為禮者

至矣乎不以此如之何使臣　君云何惟曰以忠人臣自鼓簽遜
忠以來本仁祖義久已昌矣卓夙夜之忱豈通籍官方所敢有或
渝與夫忠以明性生也亦以存學問彼奉念王事之靡盬役社稷
而爰諏慶舉宋之謀遂聽和平而入告其所以為忠者至矣苟不
以此如之何事君哉誼有以各盡為至者移孝著于紀綱豈徒望
雅鍊
納忠之敘篤棐昭于事業並不矜報禮之文抑事有以相得而彰
者君為臣不養廉恥則吉士吉人生於王國臣為大君重功名而
令聞令望底於光昭此亦可明乎君臣之道矣

雅鍊之章更饒流逸議論筆力都從經訓中咀味出來可為墨

本朝名家傳文 論語

儉之膏腴，膏粱之藥石

君使臣

魏

君召使擯　一節

敷文　姚　瀾

觀聖人之應君召其色與足有可異焉夫爲擯非易事也况召而使之者君乎宜乎於此其色與足有見其勃如躩如者耳今夫禮有擯詔溫之至也然非嫻於儀文而善於詞令者則不可以膺是選故大君擇能而使既凛其難其慎之思而聖人承命以行亦深如臨如履之惕覺一時震動之神明其流露於上下間者有令人擬議而如見者矣不觀子之於君召乎夫君何以召曰使擯也聞之禮擯用命數之半魯侯國也擯宜四人傾其等分之則有二一曰上擯一曰承擯一曰末擯吾不知君之召之其使爲上擯乎則

當召卿往而子大夫也義不可爲上卿使爲末擯乎則當召上彼
而子大夫也義不可爲下然則君召者何曰以子而膺承擯也獨
是爲擯亦難言矣以之相禮則兩君之體統係焉賓致禮於主當
思何以來而受主致禮於賓當思何以往而送隕越無羞唯子大
夫力矣苟非素嫻於儀文保無臨事而致驚失措以之傳命則兩
君之情好係焉主致詞於賓當思何以如其所欲出賓致詞於主
當思何以如其所自言唯舌是司惟子大夫責矣苟非素嫻於詞
令保無啟口而致笑無文則甚矣爲擯之難也今日者大君有命
天威實式臨焉我夫子出門如見其敢不凜凜乎萬見色則敗乎

其常已非復申申夭夭之度則以爲勃如也有然足則愈數其重豈循是剡剡揚揚之儀則以爲躩如也有然考脩睦於禮經其臣來聘則旅擯其君來朝則交擯而茲之使之者非擯於其臣乃擯於其君也夫向者齊人伐我北鄙矣邾人侵我南鄙矣一旦如天之福而息爭以講禮俾余小臣襄事其間不可謂非偶也所以開召而起動若不敢逞顏行若不能正履而兢惕之深衷豈徒循一節以趨二節以走之常儀藉翊贊於臣鄰我往彼國則有介彼來我國則有擯而茲之使之者非爲我之往乃爲彼之來也夫向者莒與魯而台鄆矣齊爲魯而取龍矣一旦惠顧前盟而罷兵以修

君名

好俾余小臣從事其際不可謂非幸也所以應召而往容貌若驚其忽變履蹜若見其維鄭而恪恭之志氣豈徒凛官不俟屨外不俟車之遺則此子之色所以勃如足所以躩如試進而更覩其爲擯之時、

寶義題神藹然粹然視拉雜家直判霄壤

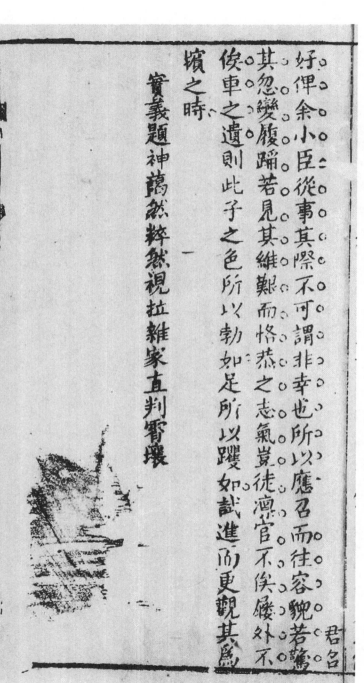

君如彼何哉 栽下段

滕與如齊何大賢籌之也熟矣夫滕即能如齊何滕之所以應齊者猶有在也滕非齊敵矣然則為滕者將撩何術以應哉其策滕意謂人主立国所自勵者發憤之情所當審者彼已之際是以强弱形也大小勢也使倖圖功者自敗之道也知難而退

節○情○恰○在○竅○中○

若明哲之君也為善有可王之理而成功則聽之于天凡此者為滕計亦審矣豈其貪不可居之功而予滕以一試乎即為君計亦止矣豈其希萬一之利而欲君抗齊以自張乎一夫天下處

穩○括○

品○語○有○分○度○

可以如何之勢智者不妨乘時以建功而當莫可誰何之秋雖

英主猶將遵時以養晦請為君計之叔繡之遺墟不足與七公之賜履侈雄風可知也五十里之幅員不足與千里之疆土較形勝可知也悉索敝賦以供强隣又不得與山東大国擅表海之規計一日之勝負又可知也而恃四隣以為外援今日築薛則滕恐明日築滕則薛又恐彼此之勢危若朝露又可知也夫擅齊楚强既如彼而處君之勢又如此然則君之時事亦可知矣君之情形亦可概見矣將欲為制齊之計則竭滕之衆不足以當一戰而釁生大国且有滅此朝食之虞將欲為自固之術則敝滕之力不足以支一年而蕞爾小邦復有不能終日之勢

○逞○字○得○神○　將彼此形○勢○剔○透

○指○根○一○落○

○正○是○無○如○何○光○景

將欲以事齊者安齊則大邦之誅求無時小国之物力易罄苟敗好一日且有兵加境上之憂此時而善為滕策者百計圖治未始無如之何如之何之慮而苟其不善策滕者一朝僨禍且有吾末如之何之憂君如彼何哉

將君與彼形勢較論一翻然後直逼無可如何神情一路布置極有步驟

第十八冊　卷五十三

君如彼何哉　　馮謙

勢有所難大賢亦為不得已之說焉夫滕與齊較勢不敵矣即其勢
處之滕果何恃以無恐乎若謂人主苟發憤為雄莫不有所恃以
[illegible]天下以其所可恃而奪人之所不可恃其勢易以其所不可
恃而奪人之所可恃其勢難、易之間何可不審也哉為君與彼計
淡語寫得透闢
之一灝文明之舊齊已不若師尚父之殊勲考卜正之遺封又不若齊
先君之賜履況自齊桓創伯以來餘威尚震于殊俗即自有嬀育姜
而後大業復昌于海東滕以蕞爾國介乎其間岌岌乎殆哉彼之地
就後字上咀嚼為善意神情不即不離
[illegible]跂辟矣今彼增脩厥德且不維王天下之土而何有于君即不然

而區區絕長補短將以敵青徐海岱之雄雖欲爭城爭野而有所不

能也君無如其地何也彼之民不改聚矣今彼力行仁政且不許挾

懷○憬○飛○離

天下之民而何有于君即不然而區區君子小人欲以制軌里連鄉

之衆則雖生聚教訓而有所不逮也君無如其民何也彼既日闢君

將日蹙交逼之勢一疇嘻而可為寒心彼非同好君敢同惡孤立之

形一綫轉而身其餘幾君之所處即非四戰之國而彼或有并吞八

荒之心君之所恃方切輔車之依而彼遂已憑陵唇齒之邦天之所

興而誰能廢則亦聽其所為爾天之所廢而誰能興則亦竊而思轉

下○句○一○呼○即○出

爾既不忍使叔繡之業自我而隳復不能向臨淄之區入身為質以

勢度之君如彼何哉

節總韻長声情霞麗王勿文姚孤長之匹也　吳七雲

玩句文哉生作本歎后語一路排蕩對軟似起似止下文已躍然紙毫

端真寫生神手　楊玉衍

君如彼　　編

君哉舜也

古歡堂集　堵　良

虞帝獨盡君道可進述聖人之所稱矣夫舜之爲君無異堯之爲君也進述君哉一言彼陳相盡折衷孔子乎若曰今者異端起而君道泯矣亦知聖人之論斷聖人者不獨一聖人之爲君也有一聖人而爲君者立其君之極而先啟乎聖人並有一聖人繼聖人而爲君者盡其君之責而克嗣乎聖人而稱一聖人而復稱一聖人者又無不可證其言於聖人蕩蕩難名既大堯之爲君矣然孔子論爲君者獨堯乎哉龍見沼鳳在庭衢室神宗既遠超七十二朝之封禪而位松雲而嗣統者溯窮蟬之遺冑復鍾王氣於握登甘露降景星出放勳帝號已遠邁一十九

氏之禪通而起漁稼而受宗者煥雲日之光華且慶登庸於瞽
子是堯之後有舜舜之為君何如乎而孔子又言之矣孔子蓋
深鑒夫後世之建邦啟土幾有變本加厲之憂而復舉三十載
勳勞出一言以昭典則謂不如是非所以盡君職也而仰垂裳
於翠嬀不忝泗水之聲稱孔子蓋熟審夫今日之地醜德齊無
復返古復始之意而更肇十二州治統寰一字以震聾聵謂能
如是始盡君分也而垂模範於重華早入尼山之月旦君哉舜
也風雷試我舜水火迫我舜建極綏猷惟后曷以名副其實乎
而舜若獨有千古也君哉玉琯璇圖無侈臣隣之頌卿雲復旦
猶傳軒舜之神一切指其君而覺岳牧不克贊為君英皇不能
助為君也中天雖渺矣猶將仰舜羽歌琴之盛而贊嘆深之矣

胡成舜成之地胡乎舜乎之王之位在德元曷以履而不疚乎
而舜若於今為烈也君哉幷廩脫餘厄曾偕木石以同居封濬
奠宏圖竟如河山而並壽一遙溯其君而覺金泥玉檢莫傳美
於其君歟舜鳳儀莫揚德於其君也姚墟猶在矣能勿於茅茨
土階之後而企仰及之進述孔子之言而見舜之為君與堯之
為君非無所用心也並耕者其知之乎

義精詞鍊用筆亦警鋭絕倫

君取於吳為同姓　包爾庚

魯娶之于宗也於禮為已瀆矣夫同姓而婚其為失也大夫子豈不知之而司敗遂若深識焉以謂事之穢者不可以內隱樂之失者不可以尊諱予所疑者子非無說也今夫婚禮之本也有附遠之文焉貴其別也無別則無義有嗣親之思焉宜其辨也不辨則不殖是故一予而不改以類族也百世而不通以避宗也氣一者不相濟美亦不可盡也天地之道也禮一者不相從親亦不可盡也先王之教也其自卿大夫以下皆知之而況於君其自鄭衛以下皆知之而況于魯之君其自懿華以下皆知之而況于昭公之君雖然君娶於吳矣我周之於河洲著其風不闡琴瑟之娛爰擇焉閨之系也我陳之先風

光華埜出

泉不合未刻藏稿　上論

鳳叶其卜不聞蘋繁之薦必求有嬀之文也雖然君娶吳矣以望闕
而締嘉姻成風定以不一書矣豈其納婦必吳是吉而百兩以將者
閒何氏則兄弟之邦鄭與國而求良匹藐秦晉羋不一族矣豈其利
女必吳之貞而三周以卿者伊何人則昭穆之屬今夫聖人之制
也乎所甚合者其初必示之以分而分而合而後其合也可久男女
合之至者也考其所生以示防也非然則不可以命乎天乎不命乎
天乎則弱其配矣乎其所甚親者其始必求之以疎由疎而親而後
其親也以正夫婦親之至者也嚴其所出以端紀也非然則不可以
見於宗廟不見於宗廟則廢其與矣是故存而稱之曰孟子為之姓
也沒而書之亦曰孟子為同姓也然而國人稱之必曰吳孟子蓋后

姓也禮欲蓋司敗之以不知譏公者如此
先題君字次出取于吳三字未協重按為同姓三字位之以詳識
力矜貴置之陳艾集中應不復辨自記
既精整而圓鍊復明靡而可懷固當嗣逸響于盧陵爭上總繳音
于江右姪鍼謹識

君取於

君取於吳　張曾祚

述所取於魯君若欲証君子之黨焉夫取則取耳取而出於吳取吳（根礼字溝有）而出於君則司敗之述也固宜想其告巫馬期曰自礼始男女而婚姻之故其重於天下也久矣頎伉儷非無因而合燕婉必有自而求（口易婉合）惟即婚姻之所締一繪述焉則知宮庭燕好在當日相與忘之者以今日思之而正有難忘也（寬起以春局）吾以君子為党亦以其党於君耳非謂君（先提昔字）子之於君不當為是稱美也第思稱美者必有其可稱之實吾不識（處處引逞步騄不迫）君子於此亦曾念及於當年之行事否乎非謂君子之於君不當為（對比漸）是諱惡也第思諱惡者必有其可諱之端吾不識君子于此亦曾念

通剖題面　次出取字

及於人倫之大典否乎。乃吾則竊有異于君之取也。聞之先王之制

入將君取瑣三比

有正外以理陽數，必有正內以理陰數，君而取不可謂非行古之道

也。且魯之婚姻有自來矣。周公、武公取於薛，孝公、惠公取于商，君而

複句有聲采

取，亦不可謂非行古之道也。雖然，吾竊有異於君之取也。人方曰：國有

成語恰好

舊姻，魯道有蕩，齊子歸也。而君則曰：豈其取妻，必齊之姜。人方曰：人

重出

各有耦，封豕長蛇，非吾類也。而君則曰：今而始大，得與姬通，於是朱

始將取於吳卜吉綴一番

幘說郯者，說於吳之野矣。三周御輪者，御於吳之庭矣。諸姊從之上

鄉送之者，姊為吳之婦，卿為吳之卿矣。遂相傳為取於吳云。夫吳處

取吳于此

語帶譏

南海，君處東海，初不相及也。自有此取，而吳之于君，不居然洽比之

鄰哉鄰吳始泰伯君始元公非友邦比也自有此取而君之于吳不居然甥舅之邦哉是則吳之女非必守十年不字之貞也第侯乎堂（此父又妙○進一層）而誤乎著者竟出于東魯之主也則所稱寡爾新婚如兄如弟者觀于此而兄弟則識兄弟矣是則魯之君非必高有鰥在下之風也第（詼諧奇妙）百兩將兩百兩御者竟在于勾吳之嫡也則所稱歸妹以須反歸以（正對絶倫）娣者觀于此而歸妹則識歸妹矣但百世不通之說又何稱焉

分明吳是同姓鄰又說不得是同姓句句從經傳中巧尋証據來只要為同姓二字點睛不是為取吳字覓表德也徒能填砌而無巧思必在枯魚之肆矣　呂晚村

歷科小題卓編　上論

先出取字後出于吳原次寬然脉合典雅巧思濬發枯綰灑直易

多觀

君取于　張

○○君娶於吳　二句

陳際泰

壞禮自君始也。不能免於國人之微識矣。夫同姓而婚，禮之亡，莫有大於此者矣。斯所為欲蓋彌章也。且婚者禮之大司，一不慎，史有所書，巷有所議，其為失也多矣。魯昭公可異焉。夫文武之教，著在南雅，莫重於君夫人。男女之化，徵於令典，莫嚴於同姓為婚。昭公非不知之，而卒與吳婚也。為同姓乎，為非同姓乎。以華娶夷，猶可言也。以姬娶姬，不可言也。則昭之不待夷於景也。以妾媵寵愛為夫人，而不虞卑其身，猶可言也。以諸姑伯姊為夫人，而不虞敗於化，不可言也。則昭之不得列於惠也。塈上是庸得免於譏乎。且夫人至之令有所行

突不應也不必先引此似

呂云此三句尚[illegible]較

亦有所不行曰必無敢為顯言之攻此令之必行者也曰必無敢為微言之刺此令之必不行者也於是一（點題雋絕）國之中有吳孟子之號矣而于昭（言三分能得分曉）公所自為稱者冠吳於孟子之上則非昭公所自為稱也諱莫如深故易姬為子以附於宋此以見天理之在人心即昭公未嘗以一日而亡刺亦莫如深故明從子而除禁以異之蕭其寔此以見公論之在天下雖威權不可以一日而斷且昭公亦何樂於此也追原喪亂之由不能强於政治竊附婚姻之義卒無救於出亡徒使其身為詬厲而已矣

謂之二字解獨此不善魯公雖愚安肯自露破綻耶戚价人

君賜食　節

姚士藟

禮服其辨尊君賜也夫食與腥與生類耳予以其賜之出于君也故尊之尊之故辨之且人主有下交之義故恒有賜于其臣而所賜之不能無重與輕也勢也然則臣之受重受輕其亦不能不異耶苟重與重類輕與輕類其又不能以不同耶盍觀我夫子〻事君于〻所

遂〻定〻二〻篇以之三句

謂異而同之輕如其重也故賜重不誌〻其賜之輕者予事君于人所謂同而異之類亦有辨也故賜殊不誌〻其賜之類者賜之輕者

一熟看終食腥生三字熱栩二股錯落生動有致有色　尚足一意

何食葷餕之餘耳腥有加焉所充不過一谷也生有加焉所論不畏一鮮也故曰輕也賜之類者何食固味之甘矣腥亦如食雖是鹽海

之來知乎羹中生亦如腥雖是刀俎之來授于宰也敢曰類也[illegible]
作三小股以還題面之字
乎食之來也儼乎其容如有所擬也正席先嘗餘以分人也一受食
而然已而無不然豈誠嘉錫之悅我口哉君賜也乃其于腥之來也
慼乎其情如有所思也熟而薦之上及先臣也一受腥而與食異已
而無不異豈虞蘋藻之闕乎享薦君賜也乃其于生之來也藹乎其
懷如有所愛也從而畜之[illegible]也一受生而與食腥異已而無
[illegible]薦乾如其豈賜于天澤之分
不異豈懼微物之傷吾仁哉君賜也一君賜則無之焉可恕故薦之也
一股應類亦有辨開下[illegible]也辨二股
注然上
從同君賜則無之焉可略故辨之也從異且夫天澤之分懸矣臣惟
義二句反然臣意中想出
思曰予小臣何勞于國家而一乞食輒念之耶予小臣何功于宗社

君賜食 節（論語） 姚士藟

而一祭胙輒及之卽又況乎日之克君閫僃君庖者而亦波及臣家是尚可以爲輕乎無如士大夫之不盡斤斤于此也惟于則輕如其重焉耳且夫錫賚之辭善矣君有命曰予大夫其式食康爵乎則閫詔之旨矣予大夫其僃受祉福乎則閫頒之薦矣又況乎日之膏君閫免君庖者而乃旄及臣家是尚可以無辭乎無如士大夫之不能一一相究也惟于則賞亦有辭焉耳吾黨諸之落曰賜之輕者如此則重者可知已賜之類者如此則隆者可知已後之身爲人臣而蒙其君下交之澤者其尚知所法哉

汪批：下截二句反就君賞中想出。

賜食賜腥賜生三句本就賜之者說文卻偏從受賜者意中想出

公當公薦公畜三句本就受賜者說丈却偏從賜外着意中想出

汪式亭

着筆君賜以與前節寧靜類亦有離意人所應有生出輕如其重

一意作對後二股截對中又用反筆取逆說新入眼無不出類桓

宣武作建康故令紆餘委曲若不可測不使阡陌條暢一覽可盡

矣

君賜食 諒

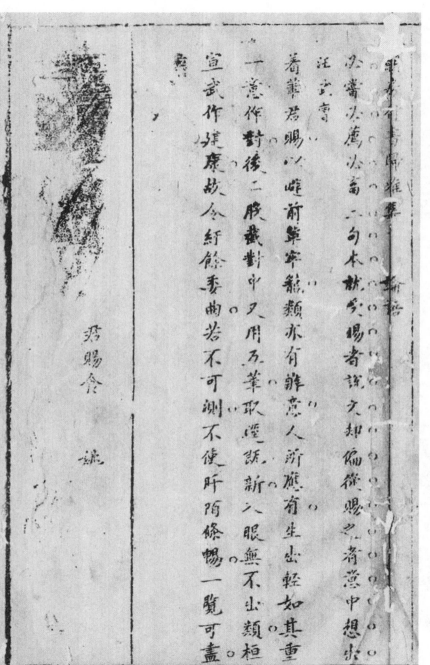

第十八冊 卷五十四

其不可者拒之（論語）　戴瀚

其不可者拒之

戴瀚

即不可以論交賢者意主乎拒焉、夫交之不能無不可者勢也拒之、而莫我損矣子夏之論交其嚴乎、意以士君子之有交固不可不知交之利而尤不可不去交之害也將求助以謀道則畔道者非朋將取資以輔仁則違仁者非俗苟弗辨而防之雖日與可者居所害亦已多矣蓋天下有善而無惡有正而無邪者人道之常也而善之外不能無惡正之外不能無邪者人類之象也是故有（急入見側重之勢）可者即有其不可者焉豈概同與之云乎夫交以勢利則無不可而交以義理則有不可共為聖人之徒所切磋者何事非曰朝暮

將不可看得過于斬截便是西河狹隘處

相徵逐也彼庸庸者志不芳而行不潔如之何其可也抑交以聲氣則無不可而交以性命則有不可共守先王之訓所攻錯者何端非曰往來相狎暱也彼貿貿者非法言而非法服如之何其可也其或敢於逐非則顛樹乎可之觳其或工於作偽則隱亂乎可

不可四面推勘

之真其或勇於怙終則永絕乎可之路其或迷於改轍則初處乎可之途要皆無利於交而大害於交者也計惟有拒之而已矣蓋

名論

不可之易與常甚於可耳我惡人之相勝彼遂為其界靡我惡人之相攻彼遂為其柔佞故交之常不覺其可親然使吾之所親有此一不可之人以為玷猶可言也親之久而浸淫相化幾莫辨其

孰為不可尚可言乎抑不可之為與又倍多於可耳一人之我勸群阻之以偷安一人之我規羣引之以燕僻故交之恒隨在而可邂然使吾之所遇皆此不可之人以為儔已足羞也遇之熟而薰陶成性遂不知別有所可不愈足羞乎拒之而嚴嚴之象予以不可即則峻其界于未交之先拒之而經經之讓予以不可移則堅其守于或交之後拒之而去之惟恐不速若將浼焉則定其力於交之方跡拒之而待之不惡而嚴使之閒之則決其機于交之將密蓋慎乎不可而可之勢乃深否則已濫謹乎不可而可之功乃切否則已私曾是交也而可濫耶私耶

（拒之亦兩路把截）

刻入處似嘉魚兵七雲
中多篤論盡人當書一通於座右　原評

其不可

其中為公田

貫珠集　王廷植

公田處乎中、亦民有尊也、夫公田、以不外乎九百畝也、然以其中為公田、非亦民以有尊乎、昔吾、周人百畝而徹、但收以公田之朴、初不分乎公田之名也、顧混乎公田之界者、不亦民以畛域、徹之所以大一統、而定乎公田之地者、先亦民以主名、助之所以有常、冀稽舊制於郊坼、其方位已顯然二上、爾井九百畝、是公田未出乎九百畝之中也、然公田亦自有定位矣、撫畇畇之原隰、使以公田並處其間、而未能統攝、則望田疇於疆場何以知王土之尊、瞻膴膴之周原、使以公田錯居其地、而反見奇零、則淆疆理於南東、何以見王靈之赫、乃助之九百畝不爾

也蓋其中為公田云慨自井疆久廢夫家多并於兼吞富者謀
良田弱者居瘠土且有強占乎中者而助法無慮是也溝塍萬
派之間麥隴千畦之所無論田為上上田為中中田為下下而
惟以居中而鎮者為天家玉食之儲斯畎畝亦知王制已慨自
阡陌頻開古尺已渺然無據陵谷之變遷兵戈之蹂躪且有莫
知乎中者而助法無有是也厥隰相連之地禾麻密接之場無
論賦上上賦上下賦上中而總以建中無偏者為天子神倉之
供斯渡及皆屬君恩京師為首善之區而制祿分田必符乎王
制公田之處乎中者所以象京師也當日者雨膏降兮播種有
黃一歌詠而公田如揭霜露零兮斂穧不遺一觸目而公田難
忘風雨所和不啻執土圭者之衡地中也而無偏無側即公田

可爲王路之邊。北辰爲天極之樞。而畫疆分野。必應乎天文。公
田之處乎中者。所以象北辰也。當日者。公田亦上古所遺。而區
畫有方。遠紹軒轅之舊制。公田雖夏時未備。而統宗有象。可補
禹貢之成書。星碁旁列。不啻執璣衡者之定時中也。而分緯分
經。即公田隱寓當陽之義。而謂八家之民。尚能不勤於公事乎。

注定別野人句着筆詞華腴潤工切有情

其中　方里節　　揚華集　何汝楠

即中以驗井、有不可輕視其中者焉夫貢非井則無中、惟助以井則有中豈可輕視其中乎且千古之心法以執中為統千古之治法以用中為宜凡為治者孰不宜體此中也哉顧建中於民者所以懋昭其大德而度中以授者所以經畫其依歸夫乃知定天下之中者必先正一區之中也方里而井井九百畝夫井不有其中乎天有中階凡上階下階非中也惟上宰有司少輔有司而考垣者所以必參乎其中也地有中州凡多陰多暑非中也惟陰陽所合風雨所會此正影者所以必求乎其中也若夫規方千里以為王畿公卿有采大夫有采均非千里之中惟求地以懸置臬以懸建國者所以必約乎其中也至於經營一區以為市廛左祖右社面朝後市亦非一區之中惟路寢之朝小寢之地為宮者所以必取乎其中也是天以中為極地以中為畿王都則建乎千里之中王宮則立乎九區之中則此一井也不有其中也乎以其中而配乎明堂之九室則青陽太廟東之中明堂太廟南之中總章太廟西之中元堂太廟北之中都俱不得為中而太室之宅乎中者則為其中也繢壤雖云交通儀中立而不易爾界雖云無異儀中平而不陂誰得玩乎其中也哉以其中而參乎月令之五方則孟春之參中尾中孟夏之翼中婺中孟秋之建星中畢中孟冬之危中七星中悉不得為中而中央之奠乎中者則為其中矣星羅有環衡之象直至

中而不阿。碁布有列錯之形。直大中而至正。誰得輕乎其中也哉。論乎中之理。則一理有一理之中。衆理有衆理之中。而茲則論乎中之形焉。試即其中而思之。直如不偏之中。不倚之中。雖有定制焉。則形也而理寓焉矣。論乎中之時。則此時有此時之中。彼時有彼時之中。而茲則論乎中之地焉。試即其中而按之。亦如無太過之中。無不及之中。自有定屬焉。則地也而時存焉矣。何也。爲公田也。至八家之私百畝。非定區。即以明分哉。

其文則史

福建馮學院月課
惠安學一等一名王紹美

有史而文脩、僅史而文猶晦矣、夫無其文何所假以脩為經、然未脩之文、究不名為經、第名為史耳、且讀春秋者、每曰性命之文（原評胡傳）、而非國史所能與者也、頌論筆削、於既如迴殊紀載之典、而考褒譏於未定、無異掌故之潰其倫述、以待哲歎、功不小、而獨惜無補于王迹也、如春秋之事極文為盛、則試由桓文之事、而槩想春秋之文（深文頭點）、今夫春秋之文、史外傳心之要典也、其酌古今則貫乎書之專其興常典、則体乎礼之中、其本忠恕、著權制、則尊乎樂之和、盡乎易之變、而況公好惡、別彰癉、尤驗乎詩之情（原評開合詩亡）、詩雖亡、春秋寔禪于

考卷醇雅初集　下孟　十

詩也然此言其既脩之文耳當綜其未修者而論之不以一為元

則未必知体元為人主之職也不以王加正則未必知天下有定

包括全史點串翻剝俱盡

一之權也即位皆書而不削一二則未必知父子君臣之大倫不

可或廢也盟不書及書日則未必知忠信誠慤為先而盟誓不足

貴也且也用刑不當僕職弗修則未必知宰之宜賢穀之宜急而

淡佶　緊接史學立局

秋冬二時之或當去也噫史而已矣夫無史則無文史不可謂無

功也而有文隨觸史々亦不可謂無失也纂述之事毋甚掞據之

無資彼典墳邱索荒遠無傳連山歸藏卜祝附會徒使有心者掩

含情字思

卷而太息耳何幸春秋之有其文也雖大書特書史未敢操然其

誌寡記繁俾後之人立定袞以指隐桓見聞不異稽有據皆史之力矣史之有功者此也一著作之垂貴能留傳於不朽彼三謨二典經久彌新周誥殷盤詰屈必録獨非託言者溷筆而垂後乎而今春秋第名為史耳雖原始要終文可係覧但其功過混淆使後之人按全篇而擴事寔乱賊不懼臣子不警皆史之咎也史之未失者此也何也其義未明也不有孔子何以維王迹乎

落落大方意思顯白　原評

以經寔題以文註經或在寔中設機或在閒中養脈総為義字寫景堪為一史評林　薛聖藻

明清科考墨卷集

第十八冊　卷五十四

其文則史

歲覆奉新學　涂日燿
第一名

文以紀事、史之常體也、夫春秋之文、固不同於乘與檮杌矣、然其紀事也、亦史而已。不幾無與於王迹哉、且古者列國皆有史官、本所聞所見、以大書特書、往往鋪張揚厲。不足信今而傳後、而其人之賢否若何。此中之褒貶若何。無論矣、上下數百年間、比事以立文、使後得有可因、而前若相為待者、厥惟魯史春秋、彼其事則齊桓晉文、夫事未有不以文傳者也、一代之事功、詞臣珥筆以書之、而發凡起例、有以預定於屬辭之表、而屬辭乃為不誣者、史職之所以重也、百年之事蹟、儒生援冊以求之、而紀月編年、祗以因仍其記述之備而記述幾為多事者史才之所以難也今以觀春秋之文其文以紀時則時與事相繫事在而時之詳畧歲月日朔異書焉文之備時也史也其文以紀地則地以事為徵事詳而地之分列國邑内外宜辨焉文之著地也史也其文以紀人則人以事為準事明而人之等差官爵名字各出焉文之無遺人也史也夫今日之時勢可知矣以二三載筆之士方將徵於事以抒之文則文成而天下事之大概或由此具焉無如諸子百家者流既無與於修明而以春秋之著述亦僅等野乘稗官之列使讀者滋多異辭也則史之没而不彰者幾不必論也然當作之載籍匪虗矣睹

征伐會盟之風而表其文以實其事則文在而天下之是非亦以是存焉蓋觀董狐倚相之賢且自行其直道況以春秋之流傳已具有左言右動之真使觀者歎猶周禮也則史之存以有僕者良非淺鮮也自孔子取而修之而春秋之義明矣詩與史相表裏而王迹於以不熄矣

議論明洽筆之春秋本高於諸史說見唐孔氏正義斯文得之

其文則史

馮學院月課恩安
縣學第二名廩莊膺瑞爾侯

其文則史

文歸之史其文較然也蓋魯史固春秋緣起之端耳其文具在弗可誣已竊聞尚書史也而後世且列為經春秋經也而當時尚遵（的解）為史周衰史失其職魯多君子亦得脩掌故博採當世事無諸空（史筆）文蓋其西東漸矣予讀孔氏春秋至故老所傳往日舊史察其表年首事之意曰異哉所聞夫文以紀事文成而一代之史定考其之本□幽已名變惠之初年周既東遷迹之熄不始於隱春秋之（善會題解）文其始於隱柰何曰其始於隱者孔氏之春秋也非仍史之舊也若仍其舊則魯固未為信史而文豈同于無徵且夫唐虞以前亦

多有史若循蜚因提諸紀雜蕪難稽而百家言黃帝者文不雅醇至書載堯以來典謨誓誥炳如日星然編年紀月文不具載即（逸下）孔子刪書亦多疑而未補云魯為宗國列邦多赴告之文記注有[illegible]其中繫日以月繫月以時繫時以年凡為國百二十有四為年[illegible]二[illegible]四十有二所見異辭所聞異辭所傳聞異辭要皆因文並例據事直書爰倫一朝之實錄俾後之君子得以贊焉生周之季志古之士覽其所以耳華與夫原始要終亦當世得失之林（不眩駁文字見到）（用史入化）也何必上古難然春秋時史多華出晉之史莫如董狐楚之史莫如倚相他如史過史嚚南史諸人類能據捨善惡與博綜時事以自

其文則史　　黃惠

以史之文還之史、仍其舊也、夫〻子即綜春秋而自成一家之言固多事而魯史之以八紀事若原非翻也、是亦可以不必矣且人無綜攬古今之識與包羅千六之學不可以作史取一代一事而歌之用藏之名山傳之其人曰、夫〻良史才也聖人固不屑與作者爭一日之名矣而且樂用其所長而因之則其留於不朽者正不必言自己出也要倚杌春秋固均是史已〻亦秋以則為史後且進之為經意若亦行經而無史亦猶在詩〻有頌而無風耶、知先王之制外史掌四方之志列國亦得自修其政典而命之官

榕江會課　　　初刻

天子非魯史官安得取非史之文之哉一哉者曰魯自伯禽受封二
十三世於茲矣昂之後在孝之末服懶之東惠之初年並息之
以前遂皆無史乎春秋不作於二公而斷自隱始隱之全史自此
裂矣豈得謂之仍其舊哉且非特此也平王之初亦有一二鉅攸
可紀者鄭之舊識則猶用賢也晉之拜王則猶請命也載歸視師
師之詰而知諸侯之来朝猶於和請繪之詞而知列國之方今此
數之何以其文不有也抑知斷自四十九年始者孔氏之春秋也
仍而不仍也而四十九年以後之文則非孔氏之春秋之仍而
仍也迨下其書而讀之其特以斷始白爭上今可考者槪

日士大夫所執簡而陳之簪筆而記之者豈夫世之降也司官不稟於王府君相以其言為忌諱史官以其意為愛憎百二十四國之禮樂刑政壞亂於奸雄之手二百四十二年之是非得失顛倒於向聽之私即我魯多君子亦惟是編年紀月據事直書不虛美不隱惡與董狐倚相輝映一時已耳則甚矣史之難也我明盛時有大小史之設至於今祗為具官耳魯周之裔也後世言周必徵之魯亦猶言夏商者必徵之杞與宋也文失其實而史亡矣失之誣○陳○茫即史不失其實而則且肆然無忌而周亡矣不有孔子為之明其義何以垂一王之法而立千古之防也哉

標沁館課　孟子　初刻

於註中亦以史之文載當時之事。意義極有理會。文亦往復曲折。有雲委波屬之妙。原評

上下數千年縱橫、一萬里興酣采烈。古韵繽披。此志秋一篇總序可與劉安國作並傳。張思訓

其文則史

河南瀏學院科試
溫縣學一名　崔龍見

文不越乎國史、猶未足以維王迹矣夫文以紀事、而春秋之文則猶然史耳、果何道而可維王迹哉、且列辟有主文之職、國家重訓華之臣、豈不謂史之難也、必兼才學識之長而後可臨示來許乎然而究諸家之紀載、總不越侯服之成書、即稽東魯之編摩、亦不過累朝之掌故、雖復號稱博雅、裁抑亦何關於聖作也、顧文之事詳於春秋之文、夫其文果何如也、在昔韓宣來聘、嘆周禮之猶存意者宗國有人、增光簡畢、自足與雅詩鴻製可抗一統之嚴璽粵若幽厲既傷、愾舍魯其奚適、或者先聖有作、婉美典墳、豈但如可

楚名流能譜雄藩之勳烈若是則春秋之文固未可與凡為史者
等哉吾則謂史不一家文無異致春秋也猶魯國史耳且夫史之
（人而挹）
垂後有所謂信史有所謂良史據故實而數陳醜好俱登以備一
朝之寔録是則信史之堪徵也彼夫春秋之文隱桓之代從其畧
定哀之代從其詳豈遽為多所穿鑿者與然遂謂西京之舊典即
存於東國之遺編我不敢信也士君子讀一人之書作即當究其
體裁識指歸之何若而以吾反覆二百四十載之中撰述所留依
然左右史之所掌則記言記動亦僅等諸卜筮星歷之家而已矣
兼見聞而立說本末具舉用彰一代之奇才是則良史之可觀也

彼夫春秋之文因內而并誌其外原始而必要其終豈遷為多所遺漏者與然遂謂龜蒙之纂緝即以續家仍之傳紛吾不云爾也（大氣盤礴行文自能曲折盡致）士君子覽一國之典章必且論其時世知關係之何如而以吾流連一十有二君之臚鋪揚所及猶是內外史之所陳則掌志掌書亦僅勝於稗官野乘之為而已矣是則赴告策書國體可徵也而（俯仰多姿）披覽之下祇以供後世之參稽令人追采薇天保之朝漢當日史官舉例煒煒煌煌者邈乎其難繼也則對此抱殘錫圖之遺果何由証以王章而俾聖伏神得不餘河山風雨會盟征伐侯度可考也而繙閱之餘祇以備詞臣之採集乃令人吉日車攻之世意

當年大史摛詞有眷有倫者休哉其艹及則觀此廣引繁稱之
冊果何自登丁經訓而仰卑詞隻字爭輝房亣球刀盖自寓惇肅
于國乘嚴衮鉞于尼山而素王之業遂繼雅詩而繼王迹矣
春秋之所以維王迹惟在於義而未經筆削則與乘檮杌同為
國史耳針對下意縈艳首節波瀾與核風格不群　曹菽衣
凝眸其義廻顧詩亡故抽秘騁妍屬之拖其竅要絕異乎游騎
無歸　趙錫蕃

其文則史

曾柏天

以經而晦其史、其文較微也、蓋魯有史固為春秋緣起之端正其文其在弗可誣已、嘗論春秋一書與他經異蓋繫易也謂之繫詞而言者也謂之存經皆夫子自名非有所做而為之古汕之也（皆自己出）至於春秋則夫子托焉比事屬辭固不得奪國史之權而私之也（獨抒偏論而題位自出）已何則文以起事其由來漸矣唐虞以前珥筆皆聖賢之徒觀夫典謨所垂其道法治法炳於日星者寔可公之萬世而非止為一朝之寔錄三以來訓戰盡一時之選觀夫之策所陳其為誓為誥燦若球刀者又可表其寔章而非等於一之私乘若夫桓文

榕江會課　六二 溢汗　初刻

以来則春秋之文抑亦古史之遺也聰明之類欲自成一書不

正千〇年 誤 誤

知典屬天下則編次載事固不若內外史之典而詳也鋪張揚厲

諒不能以儒生而下同日者之職使必駢其私智故集前說焉則

自隱桓以迄定哀樂屬傳疑之事君子所弗詳也且援事成文即

不必有微詞顯為而闕之指而史官之體大都如是耳夫何得亡

編於採風之列焉華膽之材久欲自成論贊不知事閒散也易紀

河與數火

六紀斷不若左右史之確而信也志寡記煩固不容以補翟而

共溺掌故之職弟思収拾舊典傳而可久焉則自獲持以遡盟箋

皆可為筆削之資若子所必録也上下成敗萬緒不必有[illegible]

滸而嚴之意而史吕之道大抵知所記之方任術不兼其著述
屬然則有緣春秋而成傳者此亦揚芳摛藻之文耳夫二百四十
年之事帙而成篇苴從簡太史寧未之知耶故當日傳疑傳信
據事直書固可登之明堂之上以俟後世之採擇然則有付春秋
而為史者此亦繁雜無紀之文耳夫以七十二邦之事統為國志
道宜有要內史其知此意耶故當日盟會朝聘緣事為文固惟盡
乎作史之職以供上聖之考定此孔子所以取其義以維王迹也
乎
説春秋者皆謂以一字為褒貶而不知屬辭比事春秋之教也

若無舊史聖人何所據以成文後人誤解筆削之義以為有所增刪執迷不悟[illegible][illegible]一慨讀孟子此語乃[illegible]然久矣文確據見提筆直書脫盡向來墨守原評

史法源流瞭然心目文筆老淨一洗繁蕪　鄭大純

其文則史

馮錕

文有無關於王迹者，僅屬史之載筆而已，夫文以紀事，史之常也，魯史之春秋，詎有關於王迹哉，且史之設也，左史以記言，右史以記動，凡使紀載昭然，可以信今而傳後也，顧舉則必書者，詞臣之職，存而不論者，班筆之常，蓋紀事自有其體，敷陳之外，要無餘事焉，爾彼魯之春秋，其事固不越桓文，而紀其事者文也，蓋自上古結繩而後，聖易之以書契，則文以傳其事，而事遂著於文，自王朝有史，而列國亦各有記籍，則緣事以敷文，詎必圖文以寓意，故在未作之春秋，會盟有書，征伐有書，到有明文，因見有條而不紊，大事必錄小事必詳職在太史不過紀月而編年蓋文之體固有不同者其為載道之文則王者之迹即文而顯所以二帝三王之書列於經而不復名為史其文原非徒述其事也亦使垂之後世而（即己作之春秋）尚有典型若夫載事之文則史官之職文無溢詞亦循黍離行邁之詩降為風而不得列於雅其文固宜無關於迹也（天然對仗）要止綜其覩聞以佈在方策宗國素稱秉禮當年之記注何難婉美於官禮易象之書然而史氏之體止稱掌故未有折衷矣載言載筆惟期前事之不忘見異詞聞異詞執簡者據事而書不復自抒其特見夫（應官禮易象）亦曰此東邦之故籍非復西京之舊章也望國非無良史名卿之

蔡遷雅堪伯仲於董狐倚相之流要之史氏之詞縱能直筆於辭傳心矣繫日繫時僅循記述之常例或傳信或傳疑秉筆者按事而陳不復稍參其私意夫亦曰此史臣編錄之體（應書行條例）不越列邦記載之常也我以知其文未可忽也因友邦之赴告備一國之編摩按下有藏書而極文之功罪自可按牘而思我又知其文無足重也聊備九州之志未成一家之言載籍雖極博而王者之命討詎能開卷而悉綜故事以成文能在不論不議之條而寓大義于微文端賴（紀以承）大書特書之聖是故未作之春秋祇為玉帛兵戎之譜而既作之春秋乃為華袞鈇鉞之書也

馮含輝文　孟子　其文則

通章結穴在義字。此句特過文以起下耳。左旋右抽。乃不死煞

句下。周藹公先生

興酣采烈。骨儁才雄。費霖蒼

興酣采烈骨儁才雄

其未得之也患得之既得之患失之

崇文　何焜

可得不可失患無已時矣夫得失何常而鄙夫直與之相終始亦
得既得患其有已時哉嘗思志富貴者樂富貴者也吾以為其樂
富貴常不敵其憂富貴樂富貴者人心之常憂富貴者人心之變
樂富貴不過求酣豢富貴是以鮮憂憂富貴者欲固寵權富貴愈
形不樂也鄙夫不可與事君蓋事君必置得失於勿問者也其上
知安危而不知得失故憂喜罔聞與君同而祿位盛衰何有焉無
致無奪心明農亦無觖望即江湖思戀關天下猶諒其心實無他
其次知進退而不知得失或隱微亦能邀君鑒而身名榮落何關

焉欲往畏我友觀望更畏之言將予奪在朝廷天下共識其念不到此若是者得亦常少亦常無慕於未來無貪於既至豈不泄泄然一無所患哉且夫爵位命也擯斥亦時之所恒有也人即羨華膴希寵貴當其所求不獲日夜疚心一旦得之夫亦可暢然滿志矣而鄙夫曰何其不深於患也於是患之生無定境患之引無窮期患之循環迭起亦交戰而不可以解其未得之也人祇知鄙夫患不得而吾則直云患得之患不得者得尚未之或知神明猶涉於惝恍患得之者得已如擲左券窮緣自有其憑依也大都富貴福澤氣燄甚則造物無權彼雖材不能得官功不能得祿學問人

而不能得主而有憂心積慮以求必得者已神無以遏其欲氣數不能濟其心既得之人方疑亂夫不患失而吾則又知其患失之不患失者失嘗冥知其來謂英主信不可測患失之者失豈猝焉立至恐亂主有時見疑也大抵得喪升沉操縱熟則天命在我後雖儉可不失富柔可不失權諂媚脂韋可不失君寵而焦心勞思以憂或失者妻妾無以易其情左右亦難分其慮縈繞於勢位祿厚之中一念未平一念又起終其身腰膂腸別無頓置之處羅結於學嫌隱微之內其始無端其終無既即處於聲色玩好曾無怨藕之時蓋其患得詩失之情已伏矣至於患失而無可勝言

談

機清筆健力厚思沉

獨以雄直氣發爲古文章驚心動魄字字精神

其未　何

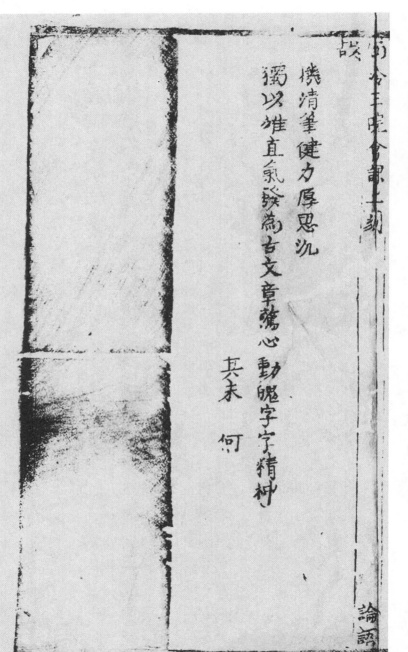

其在宗廟朝廷　韓菼

隨在以觀聖、欲更觀恂恂之聖也。蓋廟廷而夫子在焉、此必有異、而以恂恂之夫一似之於此有異也。故因鄉黨而類及之、學論鄉黨一書。記夫子居鄉時事少矣、或朝或聘或齊所記爲詳焉、然而或朝或（先發）聘或齊、皆專及之、何尊乎爾、不因他事而類及之也、而獨于篇首有（兩朝倒鈎其在故不連上文）及于廟朝之大者、則連而及之焉、何連及乎爾、曰以于鄉黨及之也。於鄉黨及之者何、夫子于鄉黨蓋恂恂如不能言者也、曰以鄉黨故也。長者之閒其敬或先、之是有如于尊也、或曰非以鄉黨故也、無乃由言其敬忽諸忽之是失口于人也、夫謂夫子非以鄉黨故者是

所慎者在言也於鄉黨而然即不于鄉黨而亦必然謂夫子以鄉黨
爲者從所慎者在鄉黨也于鄉黨而然即非鄉黨而亦不然是故有
所處而為之云爾雖然皆就之矣今夫比閭族黨之閒蔭特伏臘以
奉長上此最習且近一若退然不勝衣言不能出諸其口況所處會
大則所守宜愈卑然則觀夫子者亦第觀之于其在鄉黨而已皆可
知矣且吾子少時居鄉嘗陳俎豆習禮容其請于器數嫺于登降揖
讓不啻如在廟朝焉吾固以知觀聖于鄉而已足也雖然此固不足
以盡聖人今夫關于兩社將于是乎觀禮者宗廟也公室或分猶將
于是乎觀政者朝廷也駿奔在下不敢跛倚以視事者於宗廟也對

其在宗廟朝廷（論語）　韓菼

揚在上不敢隕越以貽罪戾者在朝廷也人所同也何其乎爾異之
意狀博題神
乎其在宗廟〻其在朝廷也其在焉者誰也固義者恂〻如不能言
之夫子也吾：　觀聖人者若同其在鄉黨而既然矣其在宗廟朝
歔動
廷則何如夫是故唯而及之云爾夫是故異于或朝或聘獻莽之事
及而唯及之云爾雖然吾知夫子固恂〻者也不聞其先正考父之
餘波
銘乎三命滋益恭則夫子之在廟朝也其循牆傴僂時聊復向者在
鄉黨恂〻必益甚而孰意不然也
就鄉黨翻廟朝異其在之面貌恂〻不能言翻異其在之神恂〻
不能言對針在下文只合就鄉黨騰擲其在二字對照帶恂〻不

能言來領神不盡寫而愈活若呆寫廟朝一華并其在之面亦成

畫圖泰風矣

其在宗

韓

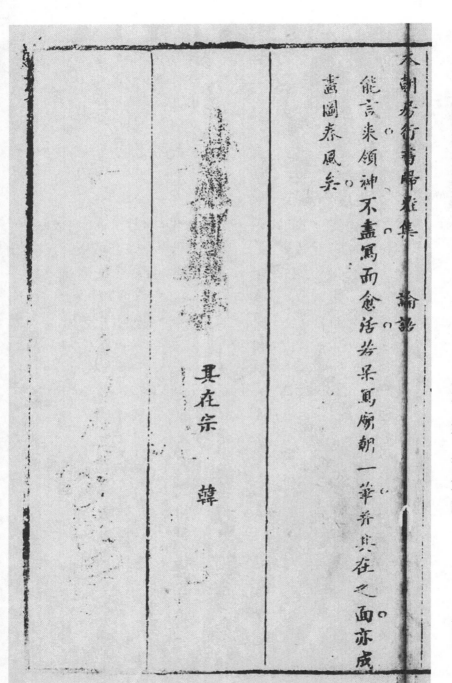

其言也訒

（首題口得窾要）

從言求訒則易視之矣夫以訒言爲仁當不以言爲訒也而胡爲易視之哉若曰今之請業于子求仁而事之非求言而事之也而不意將使求言而事之然事乎言則誠有言之事也又不意于甚重乎言而又似不欲有事乎言則今且計之子曰仁者其言也訒吾思仁者憂世澤物之懷必待言以宣之仁者明道興人之意必待言以將之是仁者之不能已于言也久矣天下樂聞夫仁者之言亦甚矣乃自予言之而皆非所計也則且即以言計之其不訒也在言則其訒也亦不在言且更即以訒言計之其不訒也夫誰

（將書與仁分開看故此皆作訒字呈）

（轉到訒字眷止書致）

（先始能言字）

言也不詞則其詞也亦止得在言也詞即曰吉人之辭寡然敬其
肯詳詞字精易
寡則竟可寡矣豈有為緘口者哉而與為如緘誠非業之甚難乎
即曰躁人之辭多然戒其多則竟不多矣豈有相捫舌者哉而與
轉捷一氣
為若捫應亦事之差易耳而以為朋騰爾口已也則于口之外不
無仁集手
必別有所勒也總自令其不再與戎乎頌猶是一口之為樂也毅
為下句是一層
有簡默者固已收此譽矣而以為高良爾輔已也則于輔之外
無勞更有所修也自茲後其永能出好乎頌祇此一輔之為嚴也
訓字醬易　瀏拔
即有秘密者何難躁合此修矣是以入周廟而觀金人而與歎曰
精注本題即又題得
古有慎言之人如此哉然亦名之為物之辟如不能小者而已盡

下句

其定也一𠻳抑篇而及句圭又相感曰近有譏言之侫如此哉然亦名之為繩焉若重有閉者而更畢其義也而斯謂之仁何也

夫子是從言之所以訒處看出仁來仁與訒言本合為一串但將訒字在言上尋求不追究其所以訒遂覺與仁無干且要訒便訒更紐雖事殊不知仁者之言自然訒牛只認做勉強故不曉得訒言之即為仁如此看題則下句斯矣乎三字神理自能鶴躍而出矣尤妙在善用縮筆步步翻下而又無一字溢出題位

其言足以興

順天錢學院月課　張　果

宛平縣學一名

君子之興有時可於言必之矣夫言豈有意于興而其足興者自

在也君子於有道固如此且吾覩至德之君子其抱道在躬有不

待見于言者矣顧天下之言雖未始無所發明而其托諸空言者

未必能見諸實事惟有德者雖不欲極其才辯而可坐而言即可

重顧

作而行款其言重也而國有道之時從可知矣設旌以來之敷奏

知入辭切

以揚之既有以作直言之氣而將恐謨猷之未盡嘉也則亦何裨

于入告矣昌言固拜之邇言猶察之又有以廣進言之途而特患

辭懌之未可期也則亦易賴其有辭矣若果而奚以興也而君子

何如哉一以其尊德性而有言也其于帝王之學自能以片辭立負
方不作鄭康成
其大原而絕無支離之失而幸際有道則正心誠意之論寧特非
此朱子次輯近思錄之旨東萊
所厭聞而乜乎雖陳善閉邪之初于德性之體容或未可驟語而
鑿辟可缓也
必獻之于吾君使識其大原以專所嚮往者固君子生平素所挾
持也除以師保而聽其耳提而命夫何所不足也哉以其道問學
亦不為陸
而有言也其于帝王之學何難以數語條悉其節目而別無疎濶
子靜
之識而幸值有道則詩書禮樂之文豈其所不屑留意者乎雖一
日萬幾之暇其問學之方或稍異于儒生而必効之于吾君使循
其節目以措諸行事者又君子雅量素所蓄積也觴之燕閒咨親

夫執經問難夫何所不足也哉而僅欲優之朝右俾國之庶尹誠（悅洪一氣）誦其言以為聳動之具猶未竟其學也庶惟從容計論以正君心則朝廷百官則而象之矣以是當宅揆之尊乃真不忝而僅欲立之民上俾國之子弟歌咏其言以為造就之資尚未盡其效也庶惟朝夕納誨以格君非則風俗人心翕然丕變矣以是居論道之任乃真有餘是豈必驗諸底行之後哉即德音未著而他日之正色立朝以黼黻太平者早信其議論之有本矣謂立德即立言之（奧兼熏共）符濟不朽之盛事可也抑豈有志于車服之庸哉即採納時勤而（義足以三字乃見周密）一時之獻可替否以潤色鴻業者又隨夫時數之遭然矣謂危行

即危言之人。寬千載之嘉運可也。然則至德之君子。豈知進不知退而無戒然之道耶。

根柢盤深。有先儒論帝王之學氣象。若不差派德性問學門面。而執皷淺薄。猶是少年咕嗶能事也。

其言足　　張

高大宗師評　次筆遒淋漓直可補四傳所未備

其事則齊　一節

高太宗師覆取晉江學一等二名補廩　丁　岳　唐采

觀參史之事與文、非義無以維王迹也、夫其事其文、惟聖人取其義、故有關于王治耳不可知竊取之意予嘗觀世之盛也聖人以其權為天下之公而義行于權之中則朝會祭告事顯而文彰世之衰也聖人以其義為一人之私而權寓于義之內則大書特書事微而文隱所以因舊書循遺文俱天下是非不明不敢不引為一身之責而寬有棣焉不自安勢乃以明王治也夫春秋之與晉乘楚檮杌等也此魯之春秋而非孔氏之春秋也夫既為魯國之春秋則自元公啓宇之年至于西狩獲麟之後其事其文斑斑可考而夫子獨始於魯隱公之元年何義也蓋嘗論文武成宣之盛鹿鳴吉日諸歌採之輶軒上之太史者皆足

能以叙將比若段落先筆之神品考

筆酬墨舞

紀盛蹟而昭來茲也即東遷之始流風猶存胥侯捍王于艱錫之秬鬯則猶有誥命之文也王曰其歸視爾師則諸侯猶有來朝之事也襄和之蠹謚為文侯則列國猶有請命之文也此特事在王朝文尊桂下治隱公後而大義愈不明于天下矣夫天下不可一日無王猶人心不可一日無義諸侯之不知有王者由其心之不知有義也乃當時之能假義者莫如齊桓晉文彼其退召陵盟首止戰城濮狩河陽赫赫人耳目聞者以此赴告諸侯國史書之天下稱之彼直以為盤鐫遺烈于茲再振不有孔子明王道黜霸功誰復知其假乎義而未能取乎義也哉然則假之與取異乎曰義則天子之義也假之者挾天子之權而善尊王之意雖強為取而義不為之取也取之者無天子之權而寓尊王之意

竊取兩字劈分一以力大思深

故為君則正而取之為相為師則竊而取之也昔者周公取之以輔沖人共和取之以振中葉令孔子竊之以教天下萬世而後必曰竊也吾乎與見聖人功罪自我之意焉是非恭德怨之門也後世之士當明盛之世無籍無端之誅蔑以法盡名而賈寃禍其德薄其時非也故苟非大不得已于斯者君子不敢持一己之見參置鉞評今日周室方衰矣王綱衰而列侯竊私循王禁隱而天討無聲衆不有一人取而正之曰是尊周之義也是誅暴禁亂之義也人心之不泯滅者幾何矣故褒其褒于將褒之前使知有所鑒乎昔僭其義乎定衰之際使知有所懼于後任其功而任其咎而文成數萬其指若千所謂以儒主操予奪之權而無所辭者此也又知聖人有威福惟辟之恩焉誅討者王朝之權

其事

春秋事實多從四傳後揭人皆依草附木此則遂電照星其札祖織能新栽也從以博兵長翁

緑照亭稿　其事

也稗史之家職紀載之事各私一家之褒貶以亂王章而落簡蒴其寔迹其名亦未是也故雖有大不得已于斯者君子尚不敢任在己之是操之不疑今日僭竊而日見矣郊禘用而乘禮之圖久褻實玉竊而私室之侵日甚使吾夫子取而自予曰諸侯而戎削其爵自我絕之之義也大夫而或書其字自我嘉之之義也權奸之不藉口者幾何矣世以異時凝周月竊其義于敵援尊一王以垂統竊其義于知事借其理寔崇其分而見之空言非有寔事所謂以匹夫承黜奪之事而不蔽安蒴此也嗟夫事則桓文之事文則史官之文於王迹乎何涉而一經筆削（張上錦下後系睛甚）大義炳然此孔子以春秋維王迹而繼文武以上承舜禹湯之心傳者也奈何聖人既往大義復晦生其後者能無師承之惑耶

其事則齊桓晉文

王揆

自春秋之事猶無關于王迹者也夫春秋之事不僅屬于桓文也而可以桓文槩之然豈遂有關于王迹乎嘗觀世之盛也王綱振而號令一秉于朝廷故其時權不在諸侯而在天子世之衰也霸圖盛而政權皆歸于方伯故其時權不在天子而在諸侯[illegible]變而為霸也時為之也君子觀于春秋所載每不禁世道升降之感焉如魯之春秋豈有異于晉楚之書哉春秋所以繼雅詩也而筆削未加則雖征伐相尋豈有當于王者之命討乎此其事可按籍而知矣春秋所以維王迹也而予奪未定則雖會盟日習詎有關于王者之賞罰乎此其事可執簡而稽矣夫其事果何事歟蓋列辟之爭權也惟齊晉為

（意義弘偉不群）（有上下千古之識）（要事藏譜）（確是未經筆削之事）（一語不經道）

王張史真稿　下孟　德隅肖訂

強而五伯之迭興也在桓文者多矣即其事而考之總不離齊桓晉文者近見春秋所誌有書會者焉有書朝者焉有書涖者焉其事固不自桓文始也然其事不始于桓文而桓文有以肇其端則凡講信修睦之典無論創于桓文與不創于桓文而皆可以桓文之事概之抑春秋所紀有書伐者焉有書侵者焉有書滅者焉其事又不自桓文終也然其事不終于桓文而桓文有以專其任則凡興師討罪之舉無論出自桓文與不出自桓文而皆可以桓文之事統之然而桓文之事亦有不容遽定焉者救邢封杞事為公而亦為私侵曹伐衛事不襲而亦可取于斯時也為問鎬洛之聲靈猶有存焉者乎尚黜陟未昭何以紹謨猷于勿替抑桓文之事又有不容概諉焉者葵丘首

止事有而亦有遐跡土河陽事可信而亦可疑于斯時也為問文武之威命猶有未泯者乎倘勸懲未著何以扶政教于不遠自夫子取其義而删定之而春秋遂足以維王迹矣

敘述桓文事蹟妍媸並列俱切未經筆削以前而峰巒層疊古趣横生皆從八家中脱化出来至其步步閑合章旨尤得頓母迴龍之法

其事則

其事則齊桓　一節

王　康

即事與文而明其義聖心存乎作經之中已夫春秋原有事與文而非孔子作之則其義不著也回竊取者務自明其不容已之心乎且吾觀聖人之存心而推原作經之自豈徒以紀寔詳明為功于天下哉其所以原夫必定者有足據也蓋時政甚紛而大雅必正其所統簡編雖著亦且理必究其所歸為取其言而述之而聖人不得已之心傳遂于是而大旨始彰有春秋何必有待于作也耶凡吾既會天下不宗周而宗齊晉上既興天下不畏周而畏晉由是事權不一而史職亦分或要盟何地列國書之魯亦從而書之或侵伐何邦列國記之魯亦從而記之至于孰是孰非宜予宜奪天朝莫得而詰焉冊簡無自而稽焉此而不

得一人為之秉理以斷之立法以繩之則王迹熄不可問而人心尚安（提王迹人心有識見）
知其所終哉要其事與文則有可稽矣其事何事大約多于桓文為尊（周突斟酌）
王而舉者有其事即不為尊王而舉者亦有其事〻豈必其皆正乎而（語語據經不是史）
魯之春秋紛[illegible]但誌其為桓文之事而已其文何文大約不離乎史為
尊〻之事而載之以文即非尊王之事而亦載之以文〻豈必其可垂（神情注約）
乎而魯之春秋紛亦但存其為史之文而已若是者褒譏不設懲勸無（作洗一折洶有波）
聞其與衆與轉抗累何異焉而欲以是扶王迹之微正人心之變也豈（激雲縱之筆）
得聽其為魯之春秋而已哉是不得不賴我孔子矣孔子習見夫桓文（發孔子有力）（分項事）
與文
以來事多專行而無所禀也為閔成周之威命猶有未泯者乎名義攸（筆開之）（功自不可少）
乎夫何容不深其璧飾孔子又見夫國史相沿文皆一轍而固有疎也

詞氣虔切，真婉飄日，秋霜

爲問邪正之分途，孰是可清者乎？大義未辨，亦何容不致其精嚴，以故

竊取之甚

當日取其義而裁定之，一若有不得已于其間者，則以爲竊取云耳。蓋

當日至心，昭然紙上

寧自居矯托之名，而必以欲共主咸尊者，賂一統之無外，且不敢避僭

擬之責，而必欲以羣倫受鑒者，明大法之縣係，吾以是見孔子之存心

竭出存心大[illegible]，而又能留參前後

者至也。本魯邦之政蹟，著爲經世之弘謨，即紀載之微言，用作傳心之

要。其憂勤惕厲，蓋莫有深於此者，宜其繼三代聖人而存義希于不墜

也。

上二句爲魯國之春秋，下一句乃孔子之春秋。題意有重在下句。蓋

繼雅詩，維王迹，正人心，皆在于此。丈將題中界限分疏，極清而歸到

全奇處，章脉更真。至其筆勢矯勁，得力古文大家居多。仇滄柱

一等四名王應弻　潮州

其事則齊　則史

事與文有無足異者、其維乎春秋者可徐思也、夫春秋之所重者、豈在事與文乎、事但文而文唯史、亦曰庶幾於無異者、徐推其得異耳、意謂吾於春秋一書○僅笲（一起使济）晉楚之載籍者○豈無所見而然歟○蓋其時簡冊所紀○執筆所書○類皆列侯遺績○魯君懿徽○從未詳其事○思其文○而明其所以同○更徐究其所以異○使春秋之旨○大白於天下○春秋何以同於乘與檮杌哉○吾試於會盟征討之舉○概然念記載所由詳○於夏五郭公之章○恍然思書紀所從掌○不禁有懷於其事○有感於其文○矣○雖然使春秋而所異者聽在事也○必所載者王朝之法紀然後可○不則所列者天王之兵刑然後可○而春秋之事○其能如是耶○抑春秋而所殊者盡在文也必所職者秉筆之儒宗在其位也非然所司者（文有万頃波瀾）當代之碩老任其權也而春秋之文其有若斯耶使果若斯也則春秋尚矣所藏者有足式矣所列者有足懲矣一國之書紀等諸王朝之法度而春秋之事若可重果如是也則春秋蔑以加矣所職者將（彭下共又）其人矣所司者當其任矣侯服之修文同諸前賢之衡評而春秋之文更可傳然而一為稽之其事未足重也其文未足傳也余嘗東至鳧嶧之區考其舊籍覽其故章上問遺老識先朝之文獻下詢民風采謠俗之誦傳始曉然於魯昔日之春秋曰事則齊桓晉文文則史云爾五伯首創齊晉共開葵丘城濮諸會何一不足以悚動當世之人心而況以莊僖共襄乃事其事何事敢畧桓文之大烈耶則此也

表筆削前春秋於以真地浩然

書桓侯之感舉彼也贊晉君之遠謨慕德感恩之下幾不計何以可書何以可貴而徒泚為一時之偏紀焉然思是春秋也其作於詩亡之後而凜若王綱者寧獨在一時之偏紀歟紀年始於魯隱其際採聞歌風諸事何者非取之左右所樂誦而況以昭定歷盟典国其文何文寧無贊揚之過寔耶故彼以美君德者為取寵此以賡君化者為望恩掩過褒功之餘并不知若何足美若何足傳而僅流為末世之虛稱焉然思是春秋也其繼於詩亡而作而炳若謨誥者豈徒在末世之虛稱歟則我不幸不得共贊春秋以助八百年之軌度猶幸而得歷詳春秋以表宣聖之微權試進而觀之孔子之言

此題似實而虛須為急勢趕下方肖語氣文於講下一點後即作

下孟

本題正面○始將桓文與史○盡力黜揮○見得未
人○心○之○憂○此末宕開一筆○吸取下意○
盡開○

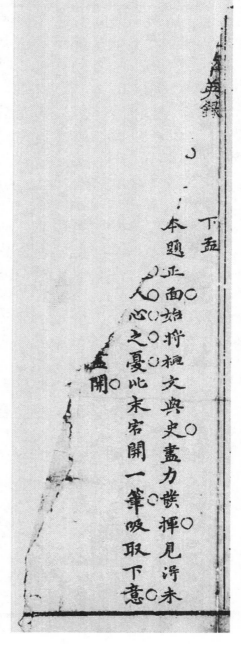

其事則齊　則史　　三名　正謙

第以春秋而論，事與文俱在也。蓋事莫詳乎桓文，而文莫備乎史，然皆則魯之春秋，詎足為一王大法哉。嘗思王迹熄而霸功興，其事煩，其文雜，不得與于編年紀月之例，然古史亦自有體裁，爲考列邦之故，詳赴告之煩，雖盟會不命于天子，典冊不掌于王官，而固必有書，魯之同于晉楚者，未嘗不一一而詳誌之。夫春秋之由來久矣，無論羊舌肸習于春秋，楚世子教以春秋，即韓宣來聘，見魯春秋，往往各殊焉，然之不離乎事與文者，還是顧獨疑東山一詩，載于風而不登于紀伐伐美，誓列于書而不成乎史，豈事

鄉墨醇風　　二百十　　湖南

其文容有不盡然者乃尚以曉春秋五伯之夫春秋昔成乎一邪而
事此乎五霸然宋襄弱也秦穆楚莊偏也盖莫備于桓文矣當日
者始于此否而終于葵邱桓之事也始于勤王而卒于召王文之
事也雖城邢城衛之各殊侵曹伐衛之不一不一詳載焉統之乎
其事也云爾夫然而事有與桓文同者溴梁蕭魚之役霸視此矣
古致歷落剖晰詳
事有與桓文異者于宋黃池之無霸亦視此矣顧亦有不係之事
明宛如掌上螺妝二二可
者或往䁐或來告文惟史异轍而文史有同于傳誌者石隕鷁飛第
相沿以怪誕雨星及地亦未明乎天人史有同于兆録者歸賵歸
隧亦以為王朝之榮大雩大蒐且以為宗邦之礼史若其舊胡可

其事則齊 則史 正 謙

者也當日朝聘則書災異則書典禮則又書夫亦猶之乎其事也云云稗官野史之所傳其說每誕而無據故附會穿鑿不免滋後人之疑如事與文之在魯皆據所見聞以成一代之寔錄孝惠以上豈必無良材信文以來豈必無博洽而出入掌故或出自數人所以要經夫子之筆削之筆或成為一家之言亦差異于所見異辭所聞異辭而已矣父克世家之所記其記亦確而有徵而詳略損益不能無異同之見若春秋之事與文皆掌之太史以備歷代之成法作頌有史克安知不如董狐知禮有名卿共知不如倚相而國体尊嚴或有所美不過其真或有所諱而不失其寔亦終無與于志一晦婉而成章而

已矣夫春秋文戈數萬其指數千非聖人修之其能使大義炳如日星而繼王迹也哉

古致錯落書味盎然原評

胸有書卷筆無點塵羽門

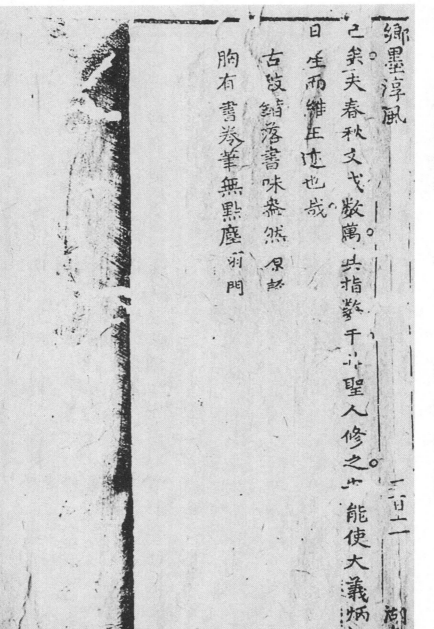

其事則齊　節　　　　　　　　呂葆中　無黨

春秋之作以義總詩者也夫春秋之所以總詩者非以其事其文而特以其義耳此孔子所云竊取者矣昔太史陳詩以觀民風雖委巷墻陰嵬瑣鄙褻之言莫不盡陳而觀之先王取其所係之大而辭復辭矣可為法於天下後世者列之於小雅大雅其餘則郊廟朝廷勿用也燕享聘射勿歌也豈非以其事徵其文俚而不足存耶然使以是而例春秋則春秋殆無可作者矣乃孔子奮然舉筆取舊之春秋而釐定之其時游夏之徒相與拱手環視莫贊一辭竊疑吾夫子道大莫容豈將老而志衰遂欲為齊晉盟主供柱下之役而已耶不然

便有義字在

故為口談難以養局

其亦何所依據而為此也乃無何而春秋成矣讀之則微言大旨炳

靈區一菴字

炳琅琅其制度文章迭迭與周官相表裏而是非予奪儼然虞夏商周諸聖人相與議論一堂之上蓋非東遷以後之書也其足以為經

筆勢奇發如龍跳天門虎卧鳳閣

而繼王者之後無疑雖然讀聖人之書者不可先存一聖人之見於胸中以為是聖人之所作也其言必可尊信豈不甚善然使聖人徒以其虛名懾服乎天下而其精意不著此亦非聖人之所樂得也即如春秋其足以為經而繼王者之後無疑然使世之人有輕忽而竊議焉者必且曰周之東遷日失其序葵丘召陵以諸侯而執天子之命其事不足稱也且其為書因魯史之舊文而已其庸足存乎今誠

取春秋而分別觀之其所記之事皆齊桓晉文之事也吾即以其事

純以議論點綴題目

歸之齊桓晉文而其為文則史也吾即以其文歸之史則春秋之所存者盖已無幾矣然而天下讀之後世之人讀之莫不犂然有當於其心好古深思之士必且廢書而興曰此足以為經而繼王者之後無疑也若是者何哉盖其間隱隱然莫不有義存焉耳夫義者無所

一口氣到此方始一頓

藉而存然必有所寄而見者也無所藉而存則雖世無聖人制作盡

筆力夭矯如米老不可捉搦非金正希莫辨

廢曠絕者數千百年而亦不可澌泯也義非事與文之所潛而存焉者也然必有所寄而見則其在詩也直寄之於詩其在春秋也亦寄之於春秋而已事何必不齊桓晉文文何必非史義亦非事與文之

所得而掩焉者也善乎孔子嘗自言曰其義則丘竊取之矣由是言之其足以為經而繼王者之後無疑者吾固知其有在矣是故讀春

撓蠷甚與嵝嶸嶙積而來忽作三峯頂住令人有渺思海外之

秋而詳其事習其文乃忘其義者不知春秋者也忽其義而不詳其

超

事不習其文者不善為春秋者也詳其事習其文而傳會其義者誣春秋者也

識見超氣魄大筆力古

其事則

其事則齊　一節　　杜天培

治史以義、春秋所以進于經也、夫事與文、春秋初何異能自孔子以其義獨任之而一代之王迹百世之人心矣。嘗思春秋孔氏之書也一筆一削精義存焉迄今綜其事實誦厥遺文昭代之王法

就筆削後春秋例入

于此乎彰矣至人之心法亦于此乎寓之矣雖然方其儕于晉乘

旋挽甚緊

楚檮杌之日春秋亦烏能有是哉西歸其無異矣一統之烈赫然

襯出其事其文

可遡也誰非王臣而令天保采薇盛事長此寂寂也黍離而已降矣與故所掌燦然其可稽也誰與載筆而令彤弓湛露大文久已寥寥也甚矣春秋之不得別于諸史也以考其事則齊桓晉文已

耳考其文則史而已耳守府之聲靈盟主者亦稍為戮力焉而終
無以振其衰于既往故府之章程編述者時見于他說焉而究何
從事文翻出義字得而其則平列
以聪其盛于將來吾獨悲夫桓文繼霸各殫一生之精力而于大
側注一其則之神
義蔑加也即柱下亦非乏人僅僅于征伐會盟之間而精義之
不可磨滅者棄之初不甚惜又安望其書之有以信今而垂後也
緊出孔子
哉當是時孔子君子也憂夫事之不可以不治而文之不可以無
統慨然曰其義則丘竊取之矣惟其義為一王之大法不可以無
所托也不得不降而與其事其文相附且其義為百王之大經不
義即在事文內
陪
可徒狥其舊也不得不進而與其事其文相裁適在上則其義行

一人以權黜陟天下而罔敢有或越也道在下則其義明匹夫以意榮辱天下而無嫌于自專也蓋自是而春秋始成其為孔氏之書矣（應起講作束）故夫義無所取不過衰世之事紀事之詞春秋之所以等于史也而義有所取則雖事有所羞稱而命德討罪隱然聖權之一予而一奪也則雖文不必獨創而惇典庸禮宛然聖世之為讀而為訓也（收到存之ゝ統）孔子之為功于天下後世之人心者寧淺鮮哉

孔子分明是假魯史之舊文立典王之新法故胡文定曰據事直書而義自見其所以游夏莫贊者只在於筆則筆削則削非另有標一事翻一案以為異同講義字不脫其事其文得辯而

閑手從既作之春秋逆入。中流極力振翻義字。筆力皆見搴律

事則　杜

其事則齊　一節　　狄　億

即事與文以明義、而春秋重矣、夫春秋豈以其事其文重哉、觀竊取
一言、知孔子所以繼詩而維王迹者、皆在乎春秋、且學者謂春秋之
○何○云○借○此○句○恰○以○其○事○其○文○翻○出○其○義○
教不過比事屬詞而止、非深于春秋者也、夫編年記月之春秋此可
以比事屬辭盡也、賞罰予奪之春秋此不可以比事屬詞盡也、一筆
一削其間莫不有微指焉、微聖人莫能修之矣、是故魯有春秋其初
起處不夠、義字
僅與乘檮杌等、其所以與乘檮杌等者何也、豈非其事其文實使然
局似與散
哉、以一書載二百餘年之掌故、其事不為不多、然大約齊桓晉文槩
何云約而○能該
之矣、前此者無事乎開桓文之先者也、後此者無事乎纏桓文以行

者也會盟摟伐舉動紛如彼乘檮杌所傳亦如是焉耳以一書兼十
有二國之記其文不為不詳然大約史臣職之矣豈無諸侯之辭
令各自為文者乎而有聞必錄者史也豈無來告之冊書悉仍其文
者乎而因赴以書者亦史也志寡詞煩載籍極博彼乘檮杌所誌亦
猶是已耳雖然春秋一書其始僅與乘檮杌等而迄于今日明王道
正人倫卒不可與晉楚之史同類而並觀之者凡以作之自孔子而
（何云即抱上二句發明末句章法緊密）
筆削之際其義至深遠也事之無足重輕者孔子未嘗置之于其間
至其甚重不輕之處義之明晦係焉此而退托于無能可乎葵丘之
土之會襃與抑不同科召陵城濮之勳功與罪不相掩即伯功之赫

赫在人者施之獨斷以示天下之勸懲蓋春秋之事莫大于桓文也孔子之義亦莫著于桓文也而其他之進退視此矣文之無關得失者論孔子未嘗一一改其舊至其有得與失之際義之存亡係焉此而姑與為因循可乎董狐良史之直吾仍之而不以為苛温原召王之書吾易之而不嫌于創即舊文之操操莫決者折之大中以定萬世之趨舍蓋春秋之文未可號以為經得孔子之義乃不敢目以為史也而世道之升降賴此矣孔子不云乎其義則丘竊取之禮樂征伐大一統也慶賞刑威皆忠厚也本文武成康以治東周之天下不類此義也哉故曰繼詩以維王迹皆在乎春秋也

本朝歷科大題文選　孟子

起講翻得新警後二股亦明快

其事則　秋

其事則齊　二句

宮建章

觀春秋紀事之文初無關於王迹也蓋事載於文者也以桓文之事而紀以史臣之文與王迹何關哉且春秋史也而傳列於經說者謂其事之所載甚重而正不然也苟以事而論則一言必書一動必書一赴告必書即乖予亦不能外列國之事以別成一書然卒以史而列於經者則以其文異焉耳雖然即文亦何能遽異之有今夫大所以其事也向使東遷以後列國諸君長其有事於會盟者循守朝覲之典其有事於征伐者不改命討之舊以是記於史臣而傳諸後世者即不必有大聖人之筆削而固已燦然二雅之文矣乃今即魯之

春秋而終其轍事雖斷行不一人所載不一國約而舉之不過齊桓晉文耳夫自天子下堂天下幾不識王室之尊乃桓文起而葵丘有盟踐土有會召陵城濮有征無非所以抑強藩之驕塞而共惕以天威則其為事也似足以維王迹之衰然自竟鄭輿歌天下猶自懷西京之舊自桓文起而邢衛可封河陽可召陳蔡曹衛可執無非所以作一己之威福則其為事也蓋足以甚王迹之壞然則桓文之事得失雜糅也公私兼半也苟有人焉因事以存文而因文以寓意安在不足以明賞罰定襃貶而乘大法於不敝哉乃其為文也則又不過史也執簡者祇類董狐南史之筆某年事玉帛某年事兵戎聊備一

法辨[illegible]子斯法真文筆[illegible]肯勁

時之掌故而聞所謂文成數萬其旨數千者未有聞也蓋識不足以上下千古則是與非第存焉而不敢論也所固然耳秉筆者無異稗官野史之書事徵而必錄事大而必詳但循編年之遺例而聞所謂變文起意大書特書者槩無有也蓋力不足以維持世教則功與過俱隱焉而不輕議也大抵是耳然則以史之文而載桓文之事則雜霸述功不復會朝清明之迹也以桓文之事而藏以史之文則美刺無章不復先王鹿鳴之旨也自非孔子起而大明其義亦安足繼詩亡而維王迹乎哉

文以紀事雜業無文例常最善寓題筆亦健勁能直達其所見　原評

南子衛小題文選

剴忠既穆悵且能處處激射下句關合天成自是妙手

其事則齊　二句

江南張宗師科　考鳳陽三名　宮建章

觀春秋紀事之文初無關於王迹也蓋事載於文者也以桓文之事而紀以史臣之文與王迹何關哉且春秋史也而得列於經說者謂其事之所載甚重而正不然也苟以事而論則一言必書一動必書一赴告必書即孔子亦不能外列國之事以別處一書然卒以史而列於經者則以其文與焉耳雖然即文亦何能遷異之（上已明法文）（字此紀領一筆仍以其事做入）有今夫文所以紀事也向使東遷以後列國諸君長其有事於會盟者猶守朝覲之典其有事於征伐者不敢命討之舊以是記于史臣而傳諸後世者即不必有大聖人之筆削而固已煌然二雅

文矣乃今即魯之春秋而攷其軼事雖所行不一人所載不一國約而槩之不過齊桓晉文耳一夫自天子下堂天下幾不識王室之尊乃桓文起而葵丘有盟踐土有會召陵城濮有征無非所以（二比開一合引据確當）抑强藩之驕蹇而共惕以天威則其為事也似足以維王迹之衰然自菀柳興歌天下猶自懷西京之舊自桓文起而邢衛可封河陽可召陳蔡曹衛可執無非所以作一己之威福而潛移夫大柄則其為事也益足以甚王迹之壞然則桓文之事得失相參也公（注射孔子折渡其文筆意峭勁）私求半也苟有人焉因事以立文而因文以寓意安在不足以明賞罰定褒貶而垂大法於不窮哉乃其為文也則又不過史也執

簡者祇類董狐南史之筆某年事玉帛某年事兵戎聊備一時之
故而問所謂文成數萬其旨數千者未有聞也蓋識不足以上
下千古則是與非苐存焉而不敢論也所固然耳彙筆者無異稗
官野史之書事微而必錄事大而必詳但循編年之體例而問所
謂變文起意大書特書者槩無有也蓋力不足以維持世教則功
與過與隱焉而不輕議也大抵是耳然則以史之文而載桓文之
事則雜霸近功不復會朝清明之迹也以桓文之事而載以史之
文則美刺無章不復文王鹿鳴之旨也自非孔子起而大明其義
亦安足繼詩亡而維王迹乎哉

文以紀事離事無文側串敘喜當題筆亦健到能直達其所見

原批

講其事其文皆無關王迹精神全注下其義向行文更于整飭之中自見蒼古

其事則

其事則齊　一句　徐旭齡

蓋此從文為斷由此以存王迹不難矣蓋霸興而王迹熄則亦還由霸以正之故春秋之事以桓文繫之斯已矣孟子曰帝之後而有王王之後而有伯王伯者治統所以分非降也而即道統所以分異同聖人之心無亦欲取王迹而復之也而王迹不可遽復則莫若以事之托乎王迹者修舉而更將之故莫要於春秋春秋與晉乘楚檮杌一矣斷於春秋同有其事也事莫大乎天王而歸賵求金有於下同乎列國則不可以繫春秋事莫切乎我魯而維門正賦有時紊亂於此帝則不可以繫春秋吾嘗以下二百四十年之間于閔僖之際

求志樓偶評　下孟　五五　乙未　小題觀略

當一人焉同齊桓于傳文之際者一人焉曰晉文此二君者世變之大而理亂盛衰之所由出也是故召陵王迹也葵丘王迹也首止河陽皆王迹也此其事或以尊王室或以遏荊氛亦係乎桓文吾以桓文書之可也（劉○大○事○）是故繻葛識王迹熄也楚丘伐王迹熄也平丘盟黃父會皆王迹熄也此其事或見之齊晉未伯以前或見之齊晉既伯以後事不係乎桓文吾亦以桓文例之可也（左○可○包○括○全○書○）當其時即功罪所加凡此以刑賞者未必盡當而第就其事考之成敗利鈍其大略如此已矣（有○操○縱○起○伏○）王者即不能誅所予凡所以筆削者或更有在而第就其事論之仁義功其大端可識也然則天下而樂伯則以伯者若之涼綠遺歷權

晏然弗討於夷狄之止于無桓文也然如天下而有伯

者之事望之本原例泉德感深而澤流亦異故春秋之作于

斯頭易首飛亂

有桓文也王者而何以迹熄君子以此其事自齊桓晉文始也始

其勢夏所以不能替之辭也

以桓文還以桓文之事救之若曰有周公之心然後可以行桓文之

事舜禹湯文武如在一日也則庶幾孔子之義也夫

語自占地步起放在我方可灑驅桓文論峽險快若眼光一照

題文之下即受縛矣

其事則 徐

天蓋樓偶評 下孟 乙未 小題觀略

○○其事則齊　則史　特等七名許文侯海陽

以王事而僅列於霸事以聖經而僅繫於史文春秋未作之先然也
夫事為齊桓晉文之事何以維王迹文為史之文何以繼詩亡然此
特未經筆削之先則然爾嘗觀王者之巡狩也有慶賞削讓之事有
陳詩納賈之文列侯稟而遵之後代頌而傳之其有關於人心世教
者不少而非列國之事之文所得同類而並觀也吾得此意以論春
秋夫春秋之作所以維王迹而繼詩亡也夫維王迹而繼詩亡則必
遠稽堯舜禹湯近遡文武周公凡聖帝哲王其所以盡倫盡物為好
為惡以及夫制心用賢之大且吾祖宗世有盛德謨烈相傳其英君
察相類能學道愛民柔遠能邇早作而夜思其憂勤惕厲者何如而

後其事為王事也其文為經文也是誠足以正人心而維世教者也
乃吾未觀於春秋既作之後而先觀於春秋未作之前其書既等於
列國之書則其事其文亦何足傳且無論春秋中二百四十年之紀
載七十二君之行事不可殫述而大約執盟主而會諸侯者前莫盛
於齊桓後莫過於晉文故凡事之屬於桓文者可以桓文盡之而事
之不屬於桓文者亦可以桓文繫之初不必問其為譎為正也雖然
齊桓晉文何屢見於春秋大抵當世之人知霸功而不知王道月備
其兵甲之威土地之強不勝慨慕而稱述之於是因其事而為之文
其辭飾其說以為某也有定主之功某也有勤王之累編年及之紀
乃傳之乘為一書則甚矣其文之不足信而皆當時珥筆之臣成之

也其謂非史而何涉然則何足以維王迹何足以繼詩亡而又何足以爲春秋夫不觀前此之輕者無以知後此之重不觀先此之所係甚微者無以知後此之爲功甚大使春秋之在當日有賢士大夫爲之修明使是非善惡昭然於天下孔子亦不必取其義而正之矣一意孤竹絶不作俳偶悟直通驅逐諸列傳廬陵五代史時文時此今我懷古情深

其事則齊　一節　　許應元

據事考文聖人為之發明其義焉夫二霸之事未必正舊史之文未必核斷之以義而後彰然也春秋之作是之取爾嘗論王之權與霸之權互為盛衰王之權與史之權同為聚散要其歷終古而不磨者則惟大經大法之所在世治可以主治世亂可以主救匹夫嚴彰癉之柄而非虛一人留知罪之案而不惑也春秋時王迹衰為霸圖由是朝廷之上無事也而事在郊原社下諸司無文也而文在私乘君子未嘗不慨然興嘆曰君臣上下之義不晦於天壤者幾何哉及觀聖人之定成書則又未嘗不撫卷而思之而得其意者之所在曰王

言歸儒

提起義字在未取前看得意蓋于取

迹雖熄而有不終熄者其大頼此乎何則主柄之下移諸侯奪之也

以取之者存也百王大法於此而未

諸侯之上竊桓文之雖之也史官不能通知大體徒襲虛文又從而傳

將事與文期弄起孔子編

會之掩諱之補救之君子欲屏棄桓文則事㓕其文欲沿習舊史則

取文亂濁証筆勢發邈

文㓕其義上下二百四十二年間獨無一人焉有尊王黜霸之任為之闡揚大義於天下也而孔子於是奮筆而興矣且夫孔子之作春秋豈能躬為之臆說哉比杏主會執牛耳者四十年踐土首盟陳赤書者六七載其事則齊桓晉文之事也左史善職編年紀月備其書

刪定

籍氏脩官記動記言著其冊其文則史之文也雖然有義焉義也者

讀經于春秋獨曰作同有觸哉

因事以寓褒貶桓文不得而知也考文而定筆削史官不得而與也

（尊王○黜伯二柱○不移）

義莫大於尊王系月於王系王於天所以大居正也時而同盟王人得以駕諸侯之上時而錫命內宰得以庇大國之光故歆慷有稱不（組○織○鋪○經○能○見○其○大○）王有討然後禮樂征伐之權自上而不及下義莫大於黜霸或貶其爵或仍其號所以消逆盟也河陽出狩未予諸侯以上名之文繁纓致餼來許名器以闇干之漸故請隧不書問鼎不錄然後僭王陵上之志常屈而不可伸（○不○脫○上○兩○句○）孔子曰其義則丘竊取之矣是事後誅意之爰書也是外史傳心之要典也（○五○收○到○上○數○章○）是存萬世之幾希而人禽判也是繼百王於不墜而綱紀張也游夏且莫贊一辭桓文不見蓋五尺哉故曰春秋維王迹之書

義字即在事文上見。取是就事文上更加裁定。這義自舜禹遞傳以來。有王者則明。無王者悲晦。到迹熄之時。不得不從而取此。孔子所以存之也。文義若龜鑑。氣如河岳。光同日星。石有時泐。此當永存。

其事則　許

其事則齊桓晉文

科試漳浦縣
學一等二名　曾捷科

稽春秋之事霸國之外無餘蘊也夫春秋固天子之事也然當未作以前則齊桓晉文之事耳夫豈有餘蘊哉且自霸圖盛而王道衰考古者每愁然傷之謂世變陵夷曾不獲覩天保采薇之盛事爲可惜也顧當其盛而王靈有赫備詳篇什之遺及其衰則定霸取威亦耀東邦之策迄今流覽舊聞遐稽往蹟茍非有大聖人筆削其間不幾令霸圖樹幟於當年而故府無與訂其說耶魯之春秋既無殊於晉乘楚檮杌然則春秋之事何如者論記言記動之體則春秋應獨傳宗國之遺規故隱桓而降其事多外憂定哀之

試牘

試牘

時其事多內亂珥筆者雖不克為尊者諱為親者諱而事關家國
則大旨特書之外似無煩詳及於雄圖論魯秉周禮之遺則春秋
自當炳天王之故蹟故賜胙葵邱其事已下替召陵踐土其事且
上陵篡言若繼不能惇典庸禮命德討罪而事屬帝天則春王正
月之餘又奚事多叅乎覇略信如是也則春秋非魯公之事即天
子之事也復何有於齊桓晉文哉而不然也但見其一匡九合之
功焜耀於簡冊中也夫盟於名陵盟於首止與一切救邢遷衛莫
非假仁伏義之謀三代以下不可無其功實三代以上不必有其
（便含得其義矣）
事也然史官載筆第工採輯於臨淄將披殘編而觀覽撼不出衣

萃會六兵車會五之恒但見其伐衛侵曹之績匙炳記載内也夫會及世子會及王人與一切亦威示信莫非驩虞小補之術東遷之後不可無其績實仲尼之徒不屑道其事也然宗臣執簡葛廣搜羅於曲沃將啟故典而流連終不越八載勤王一戰成勲之舊吞於是知其事之不足以維王迹也自五霸迭興而一人僅亦守府商功罪者自宜於齊桓晉文特著其褒誅庶幾文武之將墜而未墜土奈之何其依人成事也雖簡帙輝煌倖免見闕之固陋而東西京之官禮何以肅然於天子下堂之日且嘆其事之不足以續詩亡也自下泉致慨而西歸久乏好音嚴勸戒者不可不於齊桓

緊逼來句筆力捍健

試牘

識牘

晉文特加以予奪燕幾雅什之已湮而弗湮若徒為是就事論事
也縱鋪張揚厲不同謬妄之貽譏而三百篇之美刺曷以不沒於
黍離已降之時嘵乎紀載不存實錄無以信今而使後然編摩惟
憑掌故孰是黜霸而崇王不有孔子烏能明春秋之大義於天下
也哉

才力博大不屑為詹詹小言

共事則　曾

其事則齊桓晉文

江南 張學院科考吳縣學一名 張九葉

考春秋之所載其事有所特詳焉夫王降而霸桓文之事爲之也而春秋之所載者無逾于此豈徒詳其事而遂可已耶嘗讀詩而慨然也于檜則傷天下之無王于曹則傷天下之無霸久矣人心之思霸也幾與王者等故一時行事學士大夫無不交口稱之而匪之簡策豈職在載筆頗畧而弗傳也夫魯之春秋例以無殊晉楚哉論其世自隱桓以迄定哀其所紀載者國彬彬而可考稽其類自會盟以及征伐其所叙次者歷歷而可睞乃其事何事也非獨是齊桓晉文之事乎哉雖取成定驗五尺羞稱而記事載言

二君先倫事莫大于獎王室而所以獎王室者莫復共和吉甫之
聚
不與恭殺止息蓋有其義在
禮也則桓文之事而已葵丘之盟申五命更大于救衛城邢踐土
之出入三朝猶愈于侵曹釋宋秉筆之臣比其事而稱述弗褒者
果遂使洛鶴之葬壐于盭未墜乎事莫大于敵王愾而所以敵王
愾者非復方叔召虎之匹也則桓文之事而已秦穆之封殽濟津
功雖盛而不如召陵之師楚莊之入鄭懸陳績雖奇而不如城濮
之役宗烈之策叙其事而流傳于後者果遂使戎狄之懲膺莫我
敢承乎而頗有疑焉者齊風次于鄭後初不紀小白之勲夫瓊玖
枝葉扶生文采施流
木桃衛人猶戴其德朱綅貝胄魯人猶頌其功而大臣小臣之詩

誠何以不被之絃管蓋各有其事在也桓開霸業而春秋之京以

備幾無餘于駮民乘馬之篇唐魏仍其舊名絕不載重耳之烈夫

刻○雕○勇○巧

椒聊揚水亦止詳其祖而不及其孫玉佩乘黃不過因其甥而一

稱其勇而示信示共之勝算何以一任夫闕略焉各有其事在也

文主夏盟而春秋之事已詳不必續之蟋蟀山樞之什其事而有

裨于王迹固不失夫命德討罪之意其事而無一係乎王迹豈遂得

為撥亂反正之書此孔子所以有取其義也

都與詩亡光影相照精金鑄落劍鏑錚鳴　原評

上頂王迹下對其義即借詩亡跌宕生情巧于覷間推波助瀾

直省考卷所見集

郁成妙諳

[illegible]

○○其事則齊桓晉文　　張九葉

考春秋之所載其事有所特詳焉夫王降而覇桓文之事為之也而春秋之所載者無適於此豈徒詳其事而遂可已耶嘗讀詩而慨然也于檜則傷天下之無王於曹則傷天下之無覇久矣人心之思覇也幾與王者等故一時行事學士大夫無不交口稱之而垂之簡策豈職司載筆顧畧而弗傳也夫魯之春秋何以無殊晉楚哉論其世自隱桓以迄定哀其所紀載者固彬彬而可考稽其類自會盟以及征伐其所叙次者又歷歷而可陳乃其事何事也非猶是齊桓晉文之事乎哉雖取咸定覇五尺羞稱而記事載言

從詩起　作于秉遂之前　作于齊桓之後　四語為通篇之腰

二君尤備事莫大於獎王室而所以獎王室者非復共和吉甫之（衡之迹照義字）

舊也則桓文之事而已葵丘之重申五命更大於救衛城邢踐土（切二君說）

之出入三朝猶愈於侵曹釋宋秉筆之臣比其事而稱道弗衰者

果遂使洛鎬之聲靈於茲未墜乎事莫大於敵王愾而所以敵王（以尊周外攘作柱）

愾者非復方叔召虎之勳也則桓文之事而已秦穆之封殽濟津（觀筆明斷老）

功雖盛而不如召陵之師楚莊之入鄭縣陳續雖奇而不如城濮（君之故）

之後宗邦之策敘其事而流傳於後者果遂使戎狄之懲膺莫我

敢承乎而我顧有疑焉者齊風次於鄭後初不計小白之勳夫豈（關照詩也雲霞其色金石其聲）（下）

玖木桃衛人猶戴其德朱縵貝冑魯人猶頌其功而大匡小匡之

遺謨何以不被之絃管蓋各有其意在也桓開霸業而春秋之事
以備幾無殊於牧民乘馬之篇唐魏仍其舊名絶不載重耳之烈
夫椒聊揚水亦止詳其祖而不及其孫王佩乘黃不過因其甥而
彫刻更巧
一稱其勇而示信示共之勝算何以一任夫闕略蓋各有其事在
也文主夏盟而春秋之事已詳不必續之蟋蟀山樞之什其事而
有裨於王迹固不失夫命德討罪之意其事而無係乎王迹豈遂
得為撥亂反正之書此孔子所以有取其義也
都與詩亡光影相照精金錯落刺繡鮮明　原評
切桓文針對詩亡注射其義擒華掞藻炎絶灮景似此筆陣奇

横當亦令九天之雲下垂四海之水皆立

投我以木桃　報之以瓊玖玖亦美玉也　註此詩疑亦男女相贈答之辭　小序木瓜美齊桓公也衛國有狄人之敗出處于漕齊桓公救而封之遺之車馬器服焉衛人思之欲厚報之而作是詩也

其事則齊　一節　張需訥

因事與文而裁以義、春秋所以繼詩也、夫春秋之事與文、何足以繼詩、自孔子取而明其義、而王迹賴之矣、其所存者大矣哉、今夫人心之所以存獨恃有義焉耳、惟聖人以大義治天下則事著、惟聖人以大義教天下則文顯、乃有時不得已而托諸他人之所為、以曲行夫已志之所存、反若聖人之不能為而強為之者、而其心益苦、其功益偉矣、即如春秋當孔子未作之初、未嘗無其事也、顧以其事而列于命德討罪之世、果前後媲美乎、抑將加之擯斥也、維彼桓文以力相取以智相高、世無王者而乃有其事矣、然且艷

（義字吃緊）

（以義翻出事文）

（筆意盤折）

（入得分明提得老辣）

（下筆如山）

本朝鄉會墨編　孟子　康熙己卯山東　紫玉堂

而慕之傳而述之以誇當時而垂後世未嘗無其文也顧以其大
而列于誓誥典謨之林果足並乘不朽乎抑將置之弗道也維彼
（歷合個義）
史官所見異辭所聞異辭世無王者而乃有其文矣然且貽于簡
（其字醒現）
冊勒為成書以藏名山而俟其人噫大義之不明于天下也久矣
（住筆作欲後語方好接出義字）
（極力振宕方是大）
世之人以雜霸為奇績以變詐為美談向使世之孔子恐一再傳
（歷敘存之之統）
後見春秋者思其事誦其文且以為王者復作當如是矣而幸也
有孔子之取之也取之云者因之謂也乃自孔子取之而不啻創
見焉蓋狎主夏盟之事若不可以示後人者一經聖人之予奪而
大義炳若日星或大書之或特書之亦不必盡沒其事而能令奕

其事則齊　一節（孟子）　張需訥

所以有關王迹

世之臣子凜然而生其忠孝之心自是而春秋之事竟可與文謨武烈並傳宇内已取之云者述之謂也乃自孔子取之而又不啻其作馬蓋編年紀月之文若無足以關重輕者一自聖人之筆削

周旋得好所謂假魯史

而大義昭于千古或仍其辭或變其例亦不必盡廢其文而能令

之後大

後世之學士油然而發其愛惡之誠自是而春秋之文竟可與二

竊字不

典三謨光昭故府已乎嘗自言曰其義則丘竊取之矣竊取者明

多著筆得之

是結穴語

其不得已也歟曰維王迹乎然惟孔子取之而後春秋不徒為桓文之事而後春秋不徒為史之文而真足以繼詩亡也已

事文無關於義則其事其文不足傳一經聖人操大義以褒之

本朝鄉會墨編　孟子　康熙己卯山東　崇王堂

眼之筆之削之則猶是紀桓文之事據魯史之文而遏人欲存
天理以正人心直身任王者担子此春秋之作関係甚大上兩
其字側下一其字上兩則字側下一則字取字重竊字不重擡
題要審題勢鐵畫銀鈎之中水環山抱的推名篇

其事則 張

其事則齊　則史　　張應勝

紀春秋之事與文以近者自處而已蓋史氏之書非有特識能作述乎魯之不足以維王迹此耳今言春秋者輒與六經並垂而不知其（集上之春秋之講正是此題本位）未筆削之先魯之與甚高也事亦僅如乘檮杌所紀載以備參采文亦僅擬董狐倚相之手筆以除結撰如此而已故魯春秋同稱之晉（簡○以○合○史）楚之史非屈也錄魯不能亢己于高哉自見其事哉畧霸事而尊王（明○實○見○早○出○○詞）事之揭矣第同齊桓晉文夫桓文非獨魯能志其人也都魯不及光（非○深○于○春○秋○者○不○能○道）訓于典或嚴闕其文或誤小文而綴大文之具矣第曰史夫史非獨魯能守其官也仰溯周室公旦為文之昭王迹熄矣魯當撫湛露彤

弓大臣王國之烈脫不能耳口誅筆伐亦[illegible]亂賊之心胡其害
斯文畢畢也兵車衣裳非二伯不以載書而詞亦未聞新有予奪與
○弟○文○兩○件○駢○論○之○
華袞鈇鉞為懿夫亦奚託于周公乎術計列辟伯禽寔姬之長王迹
○動○下○孔○子○矣○
熄矣魯當率伯父叔舅同賡采菽之什脫不能耳戮君亡國亦宜懍
以嚴室之刑胡其事與文僅僅也征伐會盟惟二伯始終見例以指
亦未聞特有誅褒使天理人心不死夫又奚責于同姓乎吾固是而
○其○寧○
知魯之好隨也蔡丘首止既棄斂賦以從踐土河陽復合諸姬而在
○夫○雖○
且諱忘其事曰齊侯晉侯及公盟何其覽國史悟不以為媿也文章
○炯○頭○詩○好○便○可○接○出○非○了○
至黍離而衰已多文章至魯史而迹日削矣幾能使志士仁人共見

之國是而知魯之示弱也哉有變書持齊桓而轉以爭齊我有頓
此時晉文而轉以昇晉且儕紀其事曰某月日公會齊晉侯于某所
而其驅載筆而為伯王外臣也文章至匪風則情已傷文章至魯史
則道日盛矣幾能使舊德遺老無憾歟夫事與文詛非記史之體而
將不能斟酌其中推而放之於文武成康為昭者與車攻采芑同寔
此段○○遠○五○通○矣
則人心愈難為懷也事與文詛非殘缺之端而特不能博觀其缺慎
而裁之使傳聞之見與聞者于隱桓僖聆欲諱僻篤致不可與人也
其在孔氏之書乎

典雅瀟茂非特全書擬奇驚看正看側看順看倒看分看合看看說

天蓋樓偶評　下孟　五八　白　小題觀略

讀爛熟不能到此境所以其精細處准看得兩則字好

其事則　張

其事則齊　則史

特等五名陳士規海陽

事文有無足異者明王迹之不存也夫以桓文有事而史為文焉王迹幾無存矣不有作者何以善其後乎且世之盛也天子以其事正諸侯而諸侯之事悉天子之事王朝以其文頒列国故列国之文悉王朝之文無幾而諸侯擅權矣列国有辞矣尚論者必一一推究其所由来於以見幾希之統存與不存其相去蓋甚微也夫魯之春秋本與晋楚一矣一則會盟征伐之際為功雖繁而是非無定不浔與於風雅篇章之列一則編年記月之間為詞雖多而可否莫憑不容並於豳頌燕享之詞是故言其事非無事也事則齊桓晋文云爾言其文非無文也文則史云爾夫事以成迹為王迹則事亦王事此

如詩之周南召南採薇天保諸什雖不盡出天子一皆以天子之事統之使東遷之後人主皆文王宣王則取威定伯之事亦退處於旦奭方召之班何至以伯烈爭雄乎召陵城濮有功而不能無過踐土葵丘善始而不能善終二百餘年之中天下僅知強主悍宗已耳寧敢進問于其事之中哉不敢進問於其事之中故其事僅浔以桓文槩之矣迄於今春秋之為效昭、者則以春秋非魯之春秋有作之者也雖所紀載者不外乎其事而其能以春秋之事上接虞夏商周之事者伊誰之力歟文以載事、為王事則文亦王言此如詩之清廟閟宮思文有駜之章雖不盡出王朝一皆以王朝之文統之使宗國之商人君皆魯公僖公則記載編緝之文亦可登于工祝陳詞之

（論古隻眼）

列何至以稗野貽譏乎史佚史克作者既無繼起之才倚相董狐良史各擅專家之學十有二君之內當日不過據事直陳已耳豈嘗深求于其文之內哉未嘗深求於其文之內故其文僅得以史目之矣迄於今春秋之為用彰彰者則以春秋為魯之春秋有作之者也雖所叙述者不外乎其文而其能以春秋之文上躋典謨訓誥之文者伊誰之功歟嗟乎世變已極盛王之官守考故府而無傳遺烈已湮百年之典章過名山而莫問孔子乎存王迹而繼詩端必由之矣

題宜從兩其兩而則字上着想過出下句自覺躍躍紙上此於其事其文生許多議論寓許多感慨全神在是題前意非侵犯題後之詞正其善為兩其兩則字耶神當推匠手無愧

其事則齊桓晉文

科試漳浦縣

學一等一名陳光濠

但言春秋之事可以霸圖概之也夫春秋之書寧獨有春秋之事
而事固莫盛於桓文也果有當於王迹否耶且古昔盛時霸圖未
興十五王而文始平之十八王而康克安之凡所以經營天下者
迹著而事以彰事成而迹愈顯斯固難以一二而概論也乃體國
經野昔日著有成書而征伐會盟後人滋其紛擾則由思無三王
以後而遞推之其幸而不見黜於周公亦不幸而不見正於周公
也春秋之書既無異於晉楚吾且未暇論其深而即其所載之事
亦不過即魯紀魯如子羽率師而已矣四卿並將而已矣他若齊

試牘

桓有召陵之師晉文有踐土之盟俱概置不録乎而非也成王業者文武而輔文武以成王業者周公也故魯爲宗國而一王之制得與周禮之秉而並傳布王迹者文武而成文武以布王迹者又周公也故魯爲望國而列侯之告得以春秋之載而不朽（二語爲中後四比發軔）雖然春秋一書固王迹之所藉以留也實亦王迹之所由以熄也何則事必有以立乎事之準而後事成而不毁今觀招携懷遠取威定霸之事何事乎去之則見其可惜存之又覺其可憂不過齊桓晉文引以自快其事而已且非特此也秦楚迭興皆襲桓文以奏績至於北門有超乘之師雒邑有問鼎之兵天下之無王極矣桓文有知

當亦自愧其為桓文而後之稱桓文者猶且震驚之曰齊桓晉文之事爾矣而王迹之繫於桓文者能幾何哉事必有以昭乎事之經而後事垂而可久今觀遷邢封衛出成釋圍之事何事乎正固（孔子所以微取其義意隱躍毫端）天下相與重其功不正亦天下莫能窮其罪不過齊桓晉文相與引重其事而已且非特此也列國交爭皆緣桓文以搆釁至於垂葭有盟主之伐橐臯有道長之勤天下之無霸更甚於無王矣桓文可作當亦自疚其為桓文而世之議桓文者亦唯大輕置之曰桓文之事斯又春秋之事爾矣而王迹之熄於春秋者不幾損乎令當黍苗之歌詠方作蓼蕭之篇什具陳則桓文亦不願以其事

試牘

掛人之齒頰而貽玷於簡冊令則甚幸有桓文耳匪桓文而我魯之舊策無光且令人欲致憾於桓文而有不可得而作政之替焉王制請隧之顯違王章猶其後焉者也當此黍離之悲痛方殷板蕩之憂傷更切而桓文又方以其事赫奕乎當時而誇大乎後世則甚不幸有桓文耳得桓文而先王之遺制盡湮且令人欲飲恨於桓文而不勝指斥而權失而収之以書統分而一之以華豈非有事責哉此其義有賴於聖人之竊取也而王迹之不墜職此之故

豪舉痛快中喜不入傖夫氣習　其事則　陳

○○○其事則齊　其義　　歲取鹿邑一等一名楊際盛

有事有文而義不彰、聖人嚴以別之、爲夫事與文春秋之所由來、而義未之明、何關王迹哉、孔子嚴別之曰義、而春秋于是乎重矣、若曰自今日而觀春秋二百餘年之間、大約歸于述王道達王事而已矣、若自筆削未成之先而論之、則亦盟會征伐相尋無已、而一二執簡之臣、率以意見為附會、孰從而與聞大義者哉、則甚矣孔子之功之大于春秋也、蓋春秋與乘檮杌並傳、其時止記事之書耳、而事為何事乎、夫宋襄神明之後也、而論于弱、秦穆楚莊伯事之脩也、而鄙于遠、故五伯惟桓文為最著、亦惟桓文之事為最多、春秋之事不一、大約其事則齊桓晉文、而事必于文載之、而文爲何文乎、非若有虞珥

（英詞汩汩智滔秀）

（二比文致簡潔）

試牘文升　下孟

筆之臣其考稽為甚贊非若夏商載言之士其稱說為不誣故列國之文雖富而赴告之文魯史書之為多春秋之文不盡出于賢人君子大約其文則史甚乎事為桓文而事未必正文出于史而文末必（滄洛修）核當日伐楚城邢事為公而亦為私侵曹伐衛事為正而亦為邪柱（貫串胸羅三傳着不貼）下之筆得無暴其所宜掩而掩其所宜暴也然當日衣裳之會[illegible]之會事有功而亦有過城濮之役河陽之狩事可褒而亦可貶援籍而稽得無表之無當于美隱之無當于刺也哉孔子生于其時洛都（此段情文斐亹幾趣洋溢）非車攻之舊而兩序無復大訓之陳韋布無君公之責而傳聞僅是隱桓之世既不得以予奪賞罰操一時之權又不敢以是非好惡徇（落句劲甚）匹夫之口惟托之論定以示教戒于天下萬世者此其間有義在孔

明清科考墨卷集　第十八冊　卷五十四

予知之唯孔子言之若以大雅寢微之際曾不容一日無此義而屬辭比事與惕厲之意而俱形則有曰其義孔子知之孔子言之而深懼之若此綦風不行而後斷不容一人昧此義而別嫌明微與推崇之懷而並凜則有曰其義以昭一王之大法此義也以正百世之人心此義也于以繼詩而扶王迹此義也自孔子曰其義大別乎其事其文矣而不離乎其事其文矣則竊取自任豈非大有功于春秋歟

鴻文巨筆揭日
月而行

批　剴然斷據烈若晴旭凛若秋霜杜征南序辭不及此詳而核也

其事　渴

其事則齊　則史

特等二名　蔡錫疇　澄海

綜其事與文而言之將以明作者之功也夫春秋之作在道統也約
綜其事與文而作之功不可進見哉今夫以千百年之統而齊之一
人則其制作深微豈籍事而顯籍文而著哉然有非事與文所得傳
者即有非事與文而不傳者為原其制作之由可進而觀聖人勤惕
之心矣春秋之同於晉楚何哉夫王事終而霸事始不因霸事無以
維王事之終經文缺而史文存即就史文可以補經文之缺然非所
論于未作之春秋也則春秋之事可言矣世之盛也天子坐明堂而
出治天保治內采微治外天子有其事諸侯不得有其事矣雖有桓
文六不過次朝會奉車書乎安敢以其事為我所得主之事而得罪

於禹湯文武哉迨術止定於前城濮盟於後即欲不以其事予齊桓
晉文不可也夫帝王之統必有君子起而扶持之豈任其備越哉然
而書年表者一十有九而齊晉為強紀正朔者二百四十而桓文為
盛則統以桓文而泗上之服從視此矣即吳越之憑陵視此矣使非
有桓文之事聖人亦安所見而興維挽之思而以繼鹿鳴魚麗於不
衰也哉則為約其繁曰其事則齊桓晉文而春秋之文又可言矣時
之階也輶軒採民俗而貢書掌之典故布之月吉王朝有其文列國
不敢有其文矣雖有紀載亦不過倚家乘存國書耳安有以其文為
統紹典謨之文而上承乎虞夏商周哉迨雅頌失其遺董南傳其故
即欲不以其文屬列國之史不可也夫道法之垂必有君子出而載

制之豈伊其雜亂哉然而文在一國而列國之文具焉史在侯封而
（有見識恰可典瑜也）
王朝之文備焉觀於魯史而齊簡不得擅長矣晉筆不得爭烈矣使
非有魯史之文則聖人亦安所託而動裁成之志而以承鎬洛遺文
於不絕也哉則為著其稱曰其文則史是則因霸以遵王而紀月編
年乃以見憂勤之志由史以定經而比事屬辭愈以懋惕勵之心進
觀孔子之言而存之、功不更大哉

題是頂上節見魯未筆削之春秋所以同齊晉之史處引出其義
見作者之功篇中只從事文上發揮稍欠虛神但論議鑿、不同
影響藉是以洗句猶油腔亦一快覩耳

其事則齊　至　則史

一名　觀風特等　鄒文煥

進論春秋之始亦紀事編年之書也夫事之與文春秋固無異於列國也然所以繼詩而維王迹者豈僅其事其文也哉嘗謂王者有賞罰之大權其紀之簡編而垂為典謨者無非勸懲之所存焉故王朝之書不下同于侯國列辟之文不上擬于天子以其從異而不從同者此固省方肆覲之時而非繫王於風之日也若春秋作于詩亡之後則異是吾丘於作之之先而溯夫魯之春秋夫魯與晉楚等耳春秋之於乘與檮杌也無異也其所以無異者何也春秋有其事焉有其文焉上自隱桓下迄定哀十二公之紀載二百四十二年之見聞在未經筆削之前亦祇成為龜蒙鳧嶧之書也云爾嘗由其事攷之

車攻之典曠矣河陽一待報天子以空名而城濮召陵紛紛且見告也故春秋之所紀者會盟征伐不一其事大約桓文之取威定伯倫載于茲焉似不同于江漢常武之爲王事也其事則齊桓晉文而已嘗由其文攷之採風之史缺矣雅歌無聞列國各自爲掌故而野乘稗官紛紛且載筆也故春秋之浙編者傳信傳疑不一其文大約曆象必書災祥必書備徵于是焉似大異于柱下遺文之者爲究憲也其文也其文則史而已然事繫之乎桓文者事不僅繫之乎桓文也我觀匪風思王下泉思伯猶將由曹檜而深感衰升降之感況乎春秋史非齊晉事載桓文與事之類乎桓文者而皆以桓文繫之本始無存於事之中而見乎事之外者誰謂屬辭比事不足歷憂勤

之衷也哉。抑文係之乎史者。文不係之乎史也。吾觀晉有董狐。楚有倚相。猶能以史官而為記載法戒之事。況乎春秋所見異詞。所聞異詞。所傳聞異詞。雖為魯史之文。亦未始無出乎文之外。與隱乎文之中者。誰謂編年紀月。不足繼典謨之傳也哉。此孔子所以竊取其義。而作春秋以繼王事之窮也。而幾希之統。於是乎存。

用事精核。戛戛乎陳言之務去。是歛才歸泰之候也。池上鳳毛[illegible]

推子矣。

第十八册　卷五十四

其事則齊桓晉文

康熙乙卯　蔣疑錫

春秋始載之事以霸事掩王迹者也蓋自霸者之事起則王迹遂（跟詩起句）
熄矣乃魯春秋始載之事不過桓文已耳且詩以紀王迹故雅歌
（詩○書○得○間○波○瀾○大○成○）
所載皆王者事而非霸者事也即齊風先於唐魏其中祇錄南山
知襄之亂齊以啟桓而其事無稱且唐魏仍其舊號於秦偏取渭
陽見外之托秦以送文而其事亦然若魯以之春秋其所義者何
（第二點下二股）
事哉夫春秋自孔子既作發明王道然霸功其意皆存乎事之外
（○義）
者若魯舊目無春秋不過錄其事而已雖自隱迄以逮定哀二百
四十餘年之間列國之行事靡不備具而要其事之最著者則晉

桓晉文是已齊桓者功在尊王而實無王者之創霸之烈既著而
征伐之權盡歸盟主王命因而益阻矣是故會葵丘而盟召陵功
下竊取其義 常貢共想文之事然
與過不相妨封邢衛而伐山戎得與失不相掩乃春秋當日初何
暇辨其功過得失哉衣裳兵車之會紛如矣然而筆敘其事已耳
加註
晉文者勳在扶王而實背王者也定霸之畧已行而威福之命盡
出強侯王靈因而益替矣是故戰城濮而狩河陽是與非不同實
誅叔帶而侵曹衛邪與正不同歸乃春秋當日初何暇詳其是非
一段由意
邪正哉踐土衛雍之功甚著卓然者徒表其事已耳桓後於
至復推論發辭 爲盡春秋之事
閔僖之際前此豈無其事乃自東門啟釁鄭莊請王命以濟兵

嗣是秦橫侵陵諸國乃相爭不已於是會盟交質之漸興攻城圍邑之日起事雖不同要皆先桓文而導之者也先桓文而導之者皆得以桓文之功罪治之而魯之春秋未及治也特其事尚未明（復緊下竊取其義）也雖桓文出自惠襄之朝後此豈無其事乎乃自哉泓敗績宋公欲求霸而未遂厥後襄靈悼平晉國專主盟歷世他若秦楚憑陵（深明大勢）乎上國吳越逞志於中原事雖不一要皆踵桓文而效之者也踵（背成毋論）桓文而效之者亦得以桓文之功罪正之而魯之春秋未及正也（總不溢離位）（應起處將以春秋與詩雙貫串合以王者過罩）則其事尚多混也夫讀黍離而傷天下之無王誦曹檜而傷天下之無霸使當日無桓文則東周之共主已等弁髦是孰存其事而

王迹之熄者未盡熄也乃次陵雖善豈敵江漢之勳無厥楚雖熊繹比采薇之烈自天作有桓文而衰周之天子幾同贅旒是沫聿者其事而王迹之熄者乃愈熄也是非孔子執因魯史之舊文以明大義於天下乎

上承王迹下闡其義題脈極清議論層出春秋當時大勢如指諸掌逸圃兄深於經學故融貫確切廼爾 惠研丞

顧上照下波瀾壯闊題位仍不少溢綜三傳以斷桓文從貫詩以解春秋因緣沉浸經義而得而氣骨之雄鷙縱勁在時藝中亦自鹿門震川中出 男萬謹識

8

其事則齊桓晉文

汪學院科試漳浦
學一等第三名　賴呈蕙

蒙批　恕入脈黃奥

原春秋之事伯業其最著也夫齊桓晉文聖門所羞稱也而春秋獨詳之君子曰此特其事則然耳且自聖王不作列国紛争征伐會盟之事相尋於無已也久矣春秋時其尤甚者也不有紀載以垂後亦孰從而知其事之為何事哉夫春秋一書所載之事亦就

（映照義字抗聯其事）

考矣其間發號施令命德討罪之典缺如也跡其行事亦曰齊桓

（語實而氣仍虛）

晉文已耳蓋自桓公創伯以來相繼而起者田則有五而與桓等量者晉則惟文是桓文固春秋中之傑出者乎君既為圖伯之君則事亦僅為圖伯之事雖炳耀一時識者有其知其假仁仗義而

下孟

○於○著○而○王跡無關也○竊嘗總春秋之事而論之風氣所趨攜諸侯以相（開、久不呆様）

伐人心所尚徵期會以相要二百四十二年間無非借大義之公

理以治其貪欲之私情其取威定伯之習大都不離桓文者近是

（括大旨語見帰宿亦不致掛一漏万視擬演家洵有）

矣乃知春秋一書雖非爲桓文作也而覽其紀載詳其簡編不啻

（○空蠡之分○）

爲桓文作也則謂春秋之事爲桓文之事也可謂春秋之事雖非

（○神○韵○總○去○）

盡桓文之事而概以桓文之事也亦無不可何也其事則齊桓晉

文也

關會一也緊對其義緣上生下文正合如題而止原

關會一也緊對其義緣上生下文正恰如題分而止原評

下孟

其事則齊桓晉文其文則史　劉□□

其事則齊桓晉文　文則史　　劉

揭事與文之寔知其不足惟王迹矣蓋事與文之所以見于晉史
者以王者之熄也孟子故先為之著其寔也歟嘗思世之盛也列
邦之事統于天子一二班第之臣因文見道復不敢作聰明以亂
舊章儕與何王道之隆也迨其後伯国不稟命于王朝而與国得
修陳出盛奉鋪張揚厲雖史臣之体然乎君子讀其書未嘗不慨（穆然神遠）
然其事其文之不足重也夫春秋之有関于王迹者存焉其事其
文而見而春秋之無殊于四目楚者（老）亦即其事其文而知夫其事何
事也事尚經于鉏洛之則亻伐統于司馬而丨以敵王愾者莫

鄉墨凛風　　一百八　湖南

小行九儀賓之行人而以〔[illegible]〕王室若孰加焉一朝既著为政教侯國遂兆为典型豈徒其華云尔哉若乃伯舅加勞煢營四十年之中而有餘叔父三朝振奮十九載之後而恐不足而色陵城濮之績世赫然于宗邦之兆載而不为夸雖伏信執言不無要挾之略而方叔色虎之動何以于今不業也雖取威定霸非無翼戴之時而吉甫韓侯之績何以于後不聞也二君創伯而藉于国曾業加乎而已在之世我知其于王跡無当也則桓文之事而已抑其文何文也文苟不改方策之守則左右史之所書而天子得以無過六安動矣內外史之所記而王者亦得以考古察今矣何令既而

筆力千鈞

于大家而紀敘必謹于侯國豈苟其文云尓哉若乃作頌僭于大
夫已下知有春王之律載筆述之列國又寧識關郭公之疑而編
年紀月爲之相沿爲故府之留貽而不敢議雖周禮重嘆于韓
宣亦祇與易象同稱舊典而齊晉創霸之年何以不剛嚴于斧鉞
也懲舒誇于魯頌亦祇爲侈主助其聲援而魯桓逞肆之日何以
不聞此于南董也前人令典而流于妄後人踵事而增其華我知
亦于王迹無與也則史之文而已事緣文而見而因文核寔既僭
然于譎正之雜施文因事而存而比事屬辭復昧然于褒貶之異
用不有孔子誰與取其而正其事與文哉

以左事助其義論往復頓挫會無窮原評

意到筆隨洎得心應手之樂羽門

其事則齊桓晉文

科試漳浦縣

學一等六名　戴　朗

約指春秋之事非王迹之所存也。盖霸者莫盛於桓文而春秋所載即其事也謂有關於王迹否耶。嘗思雅歌所紀詳王迹也。苟事非王者之事即殊勳從略焉是故於齊存南山之詩知天之亂齊以啟桓而其德弗載也於秦存渭陽之什知天之假秦以啟文而其餘無聞也。凡以明夫王迹之所在而非霸者得以竄附於其間要非所論於魯之春秋。夫春秋所以同於列國之書。有識以其事非天子之事也。事非天子之事則必不若鹿鳴天保之章魚藻棠華之舊矣吾嘗綜一十二公之代考二百餘年之册所見異詞所盟興詞所傳聞又興詞始自東門啓釁終於黃池爭長中間盟會討伐攻城圍邑有與必書有告必書事亦煩雜不可勝紀矣要其（跦落自喜）赫赫最著者莫若齊桓晉文之事齊桓之事不能有以而無過夫陳師聶北伐山戎以從簡書同盟葵邱申五禁以戴天子他若首（抉下爐[illegible]）止之會甯母之盟所為黙寓其過於功之中者一自有識之獨微（不侵占）（幡撥掠）而摘隱夫豈明明可按也而春秋則未及詳也暴其功以供睹記敘事之外初無餘旨也已晉文之事不能有得而無失夫闔温奬以納王迹雖正而心則難白戰城濮以服楚勳可見而中實難明他若踐土有盟河陽有狩所為隱寓其失於得之中者一自君子

之識微而知著夫固在在莫逃也而春秋則不及辨也揚其得以示感美載事之外別無深意也已從來後起之端始必有以開其漸潛磨為私會之始繻葛實逆天之戰僭肙無等之習一若桓文上下俯仰曲暢中妙後英奇勃然未出而已有桓文之事而桓文不過效其尤也使以定桓文者定桓文以前之事寧或與其發譏也奈何春秋一書僅以備歷其事着存一國載籍之紀從來積漸之勢後必以流而愈甚封崤尸而伯西戎思荐食而通上國擅興摟伐之舉一若桓文已往而後有桓文之事而桓文不過兆其先也使以論桓文者論桓文以後之事寧或殊其褒譏也奈何春秋一書僅以詳紀其事者為後來論

試

及之貧嗟乎王迹無存霸圖競起徒令魯史所書無復文武成康之舊則與其有桓文之事不如無桓文之事之為愈也此孔子所以欲伸大義於天下也

撫實處不涉無詞蹈虛處恰還題位經緯穿穴斯為有筆有書

共事則　藏

其所以異　善行

胡紹安

聖人之無異，始將異之聞見矣。夫未聞未見，舜亦深山之野人也。然野人中不乏善言行，而舜豈終無異於野人？嘗思天下一善之所積也，自世之矯為異者，或絕物以鳴高，因離群以自處，而善之境亦不出。是故聖人者，將以為有異於人乎哉？無異於人乎哉？而聖人不覺為有異也，而聖人亦不自知為無異，而究之任耳目所遇無不可以徵聖人之觀舜之與居與遊也，耳得之而成聲者一深山之境耶，則亦等於寂然無聞者耶？目遇之而成色者一深山之境耶，則亦等于寂然無見者耶？於斯時也，異耶不異耶？以深山中人之一無聞也者

新起閒況路公其二字尤警策

一無見也者彼固自得其野人之樸也不知不識淡萬物之故而無所于繪乃以深山之舜而未始有聞也者未始有見也者彼亦共安於野人之天以何慮何營息一己之神而無所淵鑿善人之視舜一野人也而舜之自視一野人也不幾眇闇寡見來一言一行之當于心而不可得聊而不知野人亦有善言矣無端有言而言竟善也則固一善言也野人亦有善行矣無端有行而行竟善也則固一善行也使舜而自見為有異將飾其智以驚愚而野人之緒論不足聆也野人之嬉游不足侶也夫且自求異于野人而野人即自生其淡絕以成吾異之心此時理為形隔形與地岐固不得以寂無與諧者而

語之曰此中有善言焉善行焉則雖義蘊無窮轉以塞吾人之聞見
而毋怪諸工焉求異于野人乃舜而祇見為無異則入其摩而各適
而野人之古語有可採也野人之興舉有可觀也夫且一無異于野
發下截及其二字于其時黏定上句以
人而得人及若小其新奇以啓我異之歎也此時神由境發境以心開
固不得以深無區別者而謂之曰此必無善言焉善行焉祇覺取攜
莫甚曰以闢吾人之聞見而舜必擴焉終無一異于野人及其聞
一善言見一善行而猶可異之異于深山之野人者幾希也哉是真
於此然不蓋
以野人視舜人已

前半反撲開見以發上句工為及其二字作勢後半一開一闔黏

定無異。以發下截。湊得出及其二字神理。作法既打成一片。而吐言天拔。尤覺雋永難窮。

其所以

胡

其所令反　不從

方苞

觀民之從上所好而知令不可恃也蓋使反其所好而民從則皆為堯舜之令而足矣而如其不然何哉且中古以前風教尚樸上與下相示以情故有不能自已之心即有不甚自隱之迹而後乃巧用其術有心與迹絕不相謀而驚然求多于其下者不知民愚而不可欺弱而不可勝者也（老潢翔恣）何則中必安仁上之所必不能也而天下相從于仁則上之所甚便也凌暴自恣上之所或不免也而天下相從于暴是上之所大不利也于是乎明徵其令而深匿其好蓋以令者所責（渾深精錯）于民者也雖過厲焉而不患于無詞而好者私取其便者也非少寬

焉而將何以自遵令者徵于名者也雖曰吾寔能好而民無以見其
不然而好者徵于實者也苟必合于所令而吾隻然適以自敝故反
覆決之而不得不出于相反也而不知民不從上之令而從其好者
也令與好而相反則其道不足以相感矣蓋上非徒求善其令也必
有積于中心之誠焉古聖王躬行無偽故人皆奉其不言之意而推
然成風如其相反則夫降衷秉彝之性律度軌物之陳載民上者猶
不能相參而剟以責之渾沌鄙樸無有知識之民宜其不足以相服
此又更非小儒所識
也而安能從哉而事亦不足以相成矣蓋上非徒虛抱其好也必有
加于天下之政焉古聖王內外無欺故能自達于百度之間而恭民

以善苟中有私好則賞罰黜陟之任其情科歛發徵之從其欲使民日狃其性而若其生雖令以孝弟忠信心所樂為之事而勢亦有所不暇也而何以從哉夫上之明徵其令者欲民之從也如其不從何必為此遂心之言也上之深匿其好者亦欲民之從也如其不從何必多此矯飾之苦也夫令與好之間豈獨相反而吝以相帥哉好有廣狹而從亦有廣狹好有淺深而從亦有淺深故同民弱而不可勝慝而不可欺也

意思詳盡氣格清蒼法律嚴整難求之古人亦不多見 韓慕廬先生

雄深勁肆迥拔流俗 劉北固

危言正論可作千秋金鑑戴田有

淇所[illegible]

始　迺金集　何炳星

有預計及其始者、幽民之情愈迫矣、夫時至東春將不暇乘屋矣、幽民預籌及之而謂可緩於其始乎且人君涖政亦始固以農事為急者也顧君以農事為始民即以農時為始上苟不創其始無以見穡事之艱下苟不謀其始何以奏乘時之效臣嘗溯及幽風見民有未至其期而早為之逆計者于茅索綯幽民之乘屋何若是亟耶蓋正不忘其始也水始冰而地始凍吾儕小民嘗畏風寒之感發矣則冽烈之冬日未終何必驚心於始和之布地始坼而虎始交嗟我婦子每慮氣寒之栗烈矣則遲遲之春日尚遠何必預計其更始之時然而幽民不以始為逸

豫之日而以始為勤動之日也當此塞向墐戶敢因蟋蟀之在
堂而徒快心於歲暮焉而豳民不以始未至而可安正以始將
至而彌急也當此築圃滌場豈以羔羊之介壽而竟不釐念於
履端月令記孟春之典天子嘗擇其日於元辰矣可知在上猶
不緩於其始而在下可或怠於其始乎豳民若曰吾將待采蘩
以餉蠶與而其始不僅治蠶已也吾將冀執筐以求桑與而其
始不徒采桑已也歎光陰之易邁覺太師雖曰協風未至而一
念及虹見萍生之景有日晷不遑者爾農祥有農正之占古人
嘗定其期於小卯矣則夫逮其始而急為之計何如溯其始而
先為之謀耶豳民若曰爾第念獻羔祭韭與而鑿冰猶緩於其
始也爾第思私豵獻豜與而纘武猶後於其始也感時序之易

遷雖保介猶未告予春及而一思夫鷹化庚鳴之候有藉蘇不
安者爾始亦有晝而於之晝異於今之晝也始亦有宵而始之
宵異於今之宵也則所以卜晝卜夜者要皆於未始時定之脫
非然也將有當其始而不及綢繆者矣始非不可于茅而于茅
不暇在其始也始非不可索綯而索綯不遑在其始也則所以
永朝永夕者正當於未始時圖之脫非然也更有屆其始而轉
悔悠忽者矣蓋播厥百穀焉民之不緩其事也如此

工於烘託簇簇生新

王思訓

其爲人也發

聖人自道其爲始終于學而已蓋夫子至誠無息者也憤樂忘老

喚起

非自道其爲人誰能見及此且夫人惟不知理之無窮學焉難以

得神

終日也知理無窮時學與爲始終其畢生已無他謬乃矣則其爲

渾○微○二○比○語○意○親○切

人也不從可言乎既不敢亦生安之質謂義精仁熟之實事旦夕

可以坐臻復不敢有玩惕之情使下學上達之實功甘苦由自

頓一句生出下半篇　以老遲

踰盡其生平有兩候焉精微難驟企也未得能無憤乎性求盡

命求其至致知力行之下不知思何以若啟踐何以若坳也弗得

身措而食已忘矣義蘊不終秘也既得能無樂乎神牽漸入化境

漸敦知困行勉之餘不知恩何以倏涌茂何以倏利也釋然在茲

博入不知

道理圓滿

而憂已忘矣一事也憤與樂相引而緒彌長也一日也憤與樂相

片補行

循而機莫遏也愈進愈深愈深愈不能自已何有于朝暮所有于

寒暑何有于窮達何有于死生而何知老之將至哉一此其、言之

有開致

不女覺也女獨不見其幼陳俎豆長遊列國名鄉聞採輯舊聞歸

而與二三子刪述纂修以卒其業晚於好易而蘄大過之寡至于

今不倦其為人也如是云爾女諒知之悉矣

此夫子一生行實須親切言之時文機調用事去題萬里精透

處致一氣渾成猶是先民古法 馬 [illegible]

其為人也　云爾

錢塘　周　昱　依堂

聖人自明其為人終身于憤樂而已夫憤樂相循而老至不知聖人之為人第如是云爾矣故欲為子路代白之若曰大人有終身為而不得其所止者學是也學而無所止則此外不以有心遇之而中可以無心留之雖自維罔頤無所能人然即此半生甘苦之故覺無不可對人言而嘿而息焉則自具之修能反應矣女奚不以臧對葉公耶非謂惟彼知我急欲自吐其生平而第恐人知擿奇寬俯之間要各有竭力焉苟不堪持以告人則其人亦概可知矣亦未謂吾自有真不妨索解于局外而第思人苟自好從事之

二刻

下亦各有性情焉如此境孤堪獨喻則所為忍非大其事矣女弟
姊與之為人而熱思之則何不可即吾之為人而明告之其為人
也蓋嘗慣矣凡人有追從後之一事纔智盡能索而終不肯去而
之他乃去之不能而前塾復遙遙莫樓也則鍥入之志既濃而嗇
好之心反淡于食也蓋已忘之矣又嘗樂矣凡人有作得意之一
途緣事過境遷而時覺其正多餘味乃味之不厭而後欲且亟亟
無窮也則相賜之神頓暢而相狃之境轉安于憂也又早忘之矣
且其徙而不返者時也動而多連者學也情往興來而忽忽不自
覺者又情之常也故吾方憤而樂已繼緒而興方樂而憤又接時

而至窮歲月其如流老將至而不自知也其為人也如是其為人之可以對人也如是而奈何不云爾耶夫祇此好古敏求之事在吾黨諒窺之有年而故為其人諱之亦或謂道外之人不足語此耳大彼既不得其為人之寔將私心竊議未必不疑有神奇則是諱我者之適令人疑我也非爾之所宜出也且即此深思篤嗜之誠有天下諒亦有所聞而爾翻為其人秘之亦或謂我生得力恐不盡此耳倘爾猶未識其為人之真即敷詞以對未必不涉于時移則是秘我者之反失夫我也此吾之所大懼也故今問者雖已往乎而追維曩昔俯念今茲區區之誠猶冀爾一代白之也

其為人

周

畫學邃于天素一往情深。近文多以才力爭雄長。而氣韻則弗

尚也。腰間大羽雕馬入陣。曷若輕裘緩帶之指揮。讀此知大雅

扶輪。風流未墜。丞盧鄉先生

秋水為神玉為骨。 新之

其為人也發憤忘食

江蘇劉學院科錄　蘇屬貢監一名　周曰沆

聖人自表其為人先舉未得時以相證焉夫子之為人寧于道有未得哉乃學先發憤竭其誠因以忘其食耳聖豈異于人哉且夫人從事于學而不鼓沉鬱之氣以相為取則其為宴安中人可知（從下翻入緊出上句）矣盖大道不入于浮慕之衆儒修首恃有積勤之力我生平固了不異人而惟是深刻苦于學中絶緣營于學外大略可先為當世白耳葉公之問盖欲知我之為人也女之不對也何為一人惟立異為高希其獲于燕居几坐之餘固難以單辭約而衆乃吾自志學（頂上句即緊鉤下句）以來此生半盡瘁于惕勵試懸而擬之圖宛乎在女曰中矣抑人

惟矯情于譽游其心于日用飲食之外固難以片語渾而談乃吾日下學之始所争總不越乎平庸試題為揭之又儼乎在女意中矣其為人也精神之會聚黙存于好古敏求意氣之汲皇家運于

撥筆既灑脫復精巧妙絕倫

德修業進今夫雖有嘉肴弗食不知其旨也雖有至道弗學不知其美也欲得吾為人之實盡先觀吾發憤之時大道之邃深也神

是以議論闢

明不振奮則義藴無自而開材力不沉凝則閫奧何從而入我之為我果何如哉朝稽夕考之下幾與為迎幾若為拒惟拒而彌迅

發憤二字得酣足

與之迎晦明風雨皆吾懋勉之日而非暇逸之日也使道味堪覩而猶思世味我之為人其何以自解矣儒修之邃密也愈研窮則

其為人也　云爾　曹樞

聖人終身於好學政宜白其為人矣蓋憤焉樂焉而遂忘其老也世有為人而嗜學若此者乎惜也不使葉公聞之耳想其因子路之不對而教之所以對者若曰汝以余之為人為難於擬諸形容也乎是益疑天下也余之為人不越此詩書琴瑟之間汝周旋日久而寧忘之耶汝不言也吾試代汝言之謂辱子大夫之嚮往而饒然問焉謂是得於天縱者與而非其為人也見吾夫子之多能也而瞿然問焉謂是本於生安者與而非其為人也其為人也吾見其處若忘也行若遺也儼乎其若有思也茫乎其若有迷也

括為人起便能截上

虛詠

從首句

摹寫全神與古為化渾忘其為韓與歐矣

未幾而又渙然以氷釋也怡然而理順也不知其手之舞而足之蹈也吾初見之謂是適然耳既而其後常然至其終身未嘗不然

（貫○花○首○句○　憤樂寬義偏不多着筆○）

也而吾因以得其為人矣求通而轉因此憤者候耶其于理也如飢渴焉而又何知後有飢渴也而至于忘食矣歷苦而得甘此樂者幾耶其于理也寔賞心焉而又何知別有違心也而至于忘憂

（以下只○寫憤樂循○環之○妙○以○逼○出○末○句○連点其為○人也如燕○）

矣憤以致樂樂以解憤其為人也無淺嘗也憤非　憤樂非一樂

（○豪○飛○花○濺○躁○不○止○）

其為人也無止境也憤焉而忽樂樂焉而忽憤其為人也無成心也專于憤不知有樂專于樂不知有憤其為人也無紛志也憤之餘繼以樂樂之餘復繼以憤其為人也無暇刻也周公不復夢而

彈琴而見先王者如故焉其為人也篤志如此也日月雖易逝而
緊抱
假年以謀寡過者不改焉其為人之勤修如此也老冉冉其將至
日孳孳而不知吾想像其為人而若有異也名理當前雖寢食可
緊抱
斯耶誰寤寐于斯耶仁聖彼所不居則可謂學而不厭也云爾吾
關鎖
擬議其為人而又無兵也至理還深晴參當為服習耶晴弗當為
深造耶十室豈無忠信特不如彼之好學也云爾一如是以告之而
並圓成言
外口氣是云云字意理
已宛然一丘矣謂丘之志何專而丘國樂人之稱其專也且如是
以發之而已宛然一丘之為人矣謂丘之功何敏而丘尤願人之
緊抱
知其敏也丘之為人豈有不可云者乎葉公問汝汝第如丘所云

〇〇〇〇〇〇〇〇〇〇〇〇〇〇〇〇〇〇
而彼將得其為人而去也法矣爲而不回
其指孔子也自應作子路口氣說要向来議論如此然未見有
知此識者不意斯文其喪我心何必五百年乃見知已也

其為人　曾

其為人也　四句　歐陽旭

聖人自明其為人若質言之而已無他[illegible]樂相循而至于忘老子之為人固無不可知者也子路何以竟不對也哉夫子若謂吾人歷考生平而欲共喻于世焉必其自喻之有素也蓋求之而莫識其蹤幾微置諸名言之外循之而可得其寔無難睹諸極情之中究之極生平之閱歷于心可以自喻者即于世亦無不可以共喻顯葉公問予于女而女頓不之對也得毋謂予之人或有異于人乎以予為異于人則亦未嘗遂念乎其人矣得毋謂予之為人或有[illegible]于人之為人乎以予之為人為有異于人之為人則亦未嘗深維乎其為人矣使予之為人也其未得而不必以心求乎理當其既得而[illegible]

必以理會乎心當其由未得以至于既得而不忍心與理之相為引
伸則予之為人或有異乎人矣乃予也豈其然抑使予之為心當非
未得而以心求理猶偶有境之足移焉當其既得而以理合剩偶
有念之可爭為當其由未得以至于既得而心與理之引伸焉偶有
歲月之遷流足動于中焉則予之為人或有異于人之為人矣乃予
也又豈其然予蓋嘗即其為人而自衛焉更即其為人而以女代為
予衛焉其為人也而有所未得不嘗以心求理乎其為人也而有所
既得不嘗以理會心乎其為人也而由未得以至于既得不嘗心與
理之相為引伸乎夫以心求理以理會心而復心與理之相為引伸
此其為人果何如也其為人也以心求理豈有境足以移之者乎其

為人也以理會心豈有念足以入之者乎其為人也心與理相為引伸豈有歲月之遷流足以動之者乎夫境不足以移之念不足以分之而歲月之遷流不足以動之此其為人又果何如也予蓋嘗即其為人而自衛焉更即其為人而以女代為予衛焉夫亦曰其為人也發憤忘食樂以忘憂不知老之將至云爾試以其為人與女言之即女亦應知予之為人固非有異于人之為人也試以其為人與女言之而女更以其為人與葉公言之即葉公亦應知予之為有異于人之為人也女之不對名奚為哉

指定其為人也四字頻呼疊喚如神龍舞空不可捉着其應處更似常山蛇陣首尾皆應運腕靈妙一至于此讀者慎

大題文在

大還文在

油腔時調目之○

○○其爲人也發　云爾　戴有祺

聖人唯學可與人言者也夫忘食忘憂以憤樂老焉而不知也是其爲人雖語葉公無難知已若曰予生平無甚異人也惟是所不容已者雖有天下難釋之端初未嘗易我好焉適而有獲吾弗遠也虛而浮慕吾弗敢也舍此而吾無與矣（○從○然○神○遠）然則女奚不曰彼其爲人猶夫人之情也如有所皇皇不暇給也如有所孜孜不忍置也加之以離倫絶類之名則望而畏之也尊之以窮高極遠之詣則疑而失之也其爲人不云爾也（○點○云○爾○兩○字○神致）其心至一其志至專勿之有紛焉已也其力至勤其功至篤勿之有斁焉已也蓋奮然以往是其憤也怡然以得是其樂

六　竹遠集　論語　甲子

也當其憤焉思則深造則力也當其樂焉思則通造則獲也憤之至焉時則無乎不憤時則但有其憤於是往往有忘食之境雖憤故忘（淡語）（意卯盡）不憤則亦不能忘也樂之至焉時則無乎不樂時則但有其樂于是往往有忘憂之境雖樂故忘不樂則亦不能忘也且夫憤進之幾也樂進之效也未有憤而不終于樂未有樂而不本之憤故憤與樂因心者也然而相繼遞變者也抑又相生宜憤而憤可樂而樂也（抵一句）不憤即樂不樂而即憤也抑憤焉而樂樂焉而又憤也夫其爲人大抵若是與憤樂爲無盡者也是與憤樂日相循共終始者也迄于今憤之久忘食之久而老矣而知有憤不知有老也樂之久忘憂之久而

老矣而知有樂不知有老也其為人也於此可知乎此可見亦遂乎
此可概也不過云爾也則何不以此對葉公也
生香不斷樹交花轉影離梢自達背極近極遠　鐵菴先生
前輩能為其淡不能似此奇矣也兩章之文其原出自蒙莊甲子
江南諸公文品無出其右者然只取虛處或少理實又好用叠句
數轉之後使閱者茫昧難解亦復賢智之過若此種自成勝紀無
亦隨流俗為譏評也

論語

其為人　戴

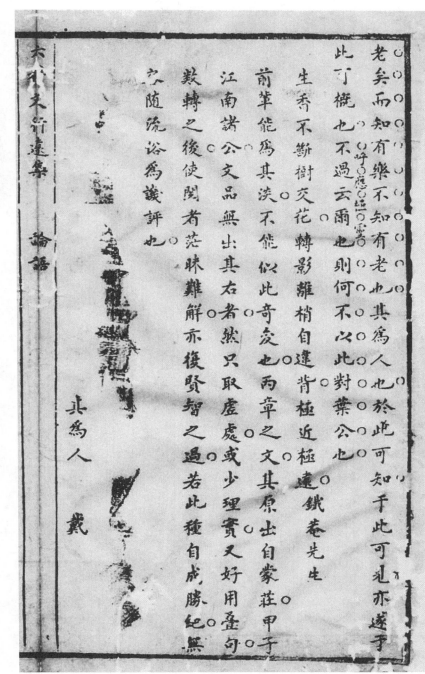

其徒數十人　陳良之徒　　新硎集　失名

異端而有其徒雖予爲儒者之徒矣夫許行而有其徒數十人
則許行之勢張矣彼陳良者其果然有其徒乎然而其徒正以
陳良重耳且自異端之徒日衆而儒者幾不得以徒著矣抑自
異端之徒日衆而儒者又未嘗不得以徒著蓋其人既欲畔
夫儒術斯舉動皆可一望而知而其人苟幸別夫異端斯識者
毎樂原其所自試爲連類以及覺彼也快黨羽之甚繁此也幸
師承之有自矣如文公與許行處國未審許行爲誰之徒也且
未知許行之有其徒也乃無何而見其徒矣且見其徒有數十
人矣獨是其徒豈無所以爲衣乎豈無所以爲食乎然而觀其

衣而衣已别矣何也則褐也進而觀其食而食更異矣何也則
出於梱屨織席也吾誠不知數十人者亦嘗為正人君子之徒
否吾且不知數十人者亦曾知有正人君子之徒否而顧甘為
其徒也哉然或者謂彼必未嘗知有正人君子之徒也彼尤未
嘗身為正人君子之徒也向使平日知有正人君子之徒或其
先曾為正人君子之徒則服惟法服必不屑於衣褐也業惟有
業必不屑於梱屨織席也且食亦家食必不屑於自食其力也
嗟乎士生三代後正教衰微異端紛起其不幸失所依歸流入
邪術如此數十人者不誠可為長嘆息哉循是說也則可幸者
宜若陳良之徒且夫陳良而有其徒在陳良原不以其徒重
也思倡邪說者每藉黨援以張其勢明正學者又藉後進以

顯甘名是故陳良而有其徒其徒而或至數十人固於陳良無
加即〻陳良不有其徒其徒或不欲終爲其徒亦於陳良無損
陳良固不以其徒重獨其徒以陳良重耳然則爲陳良之徒者
不較之其徒數十人爲大異哉一邪一正宗主早自不同可暫
可常畢生當無異志獨奈何始焉幸別於數十人者終焉且儕
於數十人也尚得爲陳良之徒也乎

第十八册　卷五十四

其徒數十人　以為食

館課一名　李啟榮

徒本不一、而衣食若一焉、夫人而約以數十、許行之徒不一矣、而衣褐捆屨有皆然者、豈無意於衣食中乎、今使以有為之躬矣願祇存溫飽則行於世無以得吾與者傳於世何以得吾徒不謂紛起者異端與居與遊勢無孤立爵樓在異國永朝永夕事有同謀其實竊來易遊窺其形迹已堪全見其口體若與人無累而與世無爭乃歎邪說之惑世何深世之惑邪何眾也文公以屢與許行未以田與許行也將何以自為衣食計且為其徒之衣食計哉昔人君待士有典適館後不乏隆文改為改作衣授以緇或鑿或精粲頌以白此以見士不必自謀日服偕行者亦沐榮施也而其徒非棫樸菁莪之選昔人君待客有儀就館後猶多厚意筐篚之將詎無玉帛芻米之饋兼及犧牲此以見客不必自備資糧相從者亦分光寵也而其徒非簍苴追琢之儔授徒莫盛於杏壇三千人薰德善良相安於不恥惡衣不恥惡食想許行若陰忌其私淑者亦呼羣引類以爭鳴聚徒復隆於鄒嶧數百人追隨几席共樂乎不願文繡不願膏粱想許行若顯嫉其好辯者亦紛至沓來以角立此數十人之所以來滕也然斯人之所衣何如者則見其不讀豳風謀深卒歲非來秦國義若同袍初不解其愈寬博愈整齊也則皆衣褐也且斯人之所食奚為者則見其業求有試微乎其微聘待無珍饔益求饔初不解其彌立異彌蹈常也則皆捆屨織席也是知許行

之教其徒者同矣夫七章九章服分度數上士中士祿有參差使其徒出而各展殊猷則衣稅食租何致咸歸一轍乎乃南面王未庇單寒章身者僅同懷玉東道主莫供困乏餬口者無事饋金一若以勤儉之門風為大夫國人所矜式也而是豈是褱與子同澤予求予取與子偕臧數十人不幾如一人哉是知其徒之信許行者深矣夫袞衣繡裳儀型萬國赤墳黑壤定賦中邦使其徒遠而希蹤曩哲則宵衣旰食何致躬親細務乎乃黜五紽五緎之華請以不完而奚恤成一手一足之烈供其不給而斯安一若以皇初之太樸於服御飲食返其真也而匹夫之度無嚴諸侯來技之工輙稱古昔數十人非旁若無人哉

其徒數十　大悅

揚華集　封　泰

悅異端者非其徒可因其徒而類誌之矣夫數十人而為許行之徒悅許行者也若陳相則非其徒矣何見之而亦大悅耶且異端之惑人也能使同類者降心以相從并能使不同類者傾蓋而如故蓋有為之徒者焉奔走偕來亦步而亦趨無足異也有非其徒而不啻為之徒者焉邂逅相遇既夷而既懌洵足異也一如許行之滕文公與處斯時文公不幾見許行而大悅乎蓋從來炫異驚奇之輩其術業最足以動人而天下隨聲附和之流其欣厭每不能自主故當日踵門而告者一許行耳而要其中旅進而旅退者不啻數十許行何也許行衣褐而服許行之

服者且數十人許行捆屨許行織席而食許行之食者且數十人夫數十人與許行非有同氣之親也非必不能服田而力穡也然而服許行之服食許行之食則以擇術不慎就正無從而許行得引為其徒也其心悅而誠服也固宜今夫門戶之別非正士所樂聞而得所依歸此外別無欣羨則淵源所自出不容昧也臭味之差有識者所立判而無端遇合此中不盡流連則邪術之中人大可危也惟時不有見許行而大悅者乎緊何人則陳相是夫陳相非許行之徒也自宋之滕所與者厥弟曰辛非猶是衣褐者流也所負者唯耒與耜更不必捆屨織席以為食也雖矢願為氓與踵門之告無以異而溯所從來固儼然陳良之徒也而奚以見許行也而奚以見許行而大悅也式古處

之衣冠被褐則儼如懷玉甘細民之作苦代檀而共凜素餐葢自是而陳良之徒竟與數十人共為許行之徒矣

縛題極緊取勢甚曲離合操縱自先輩門徑中來迅筆疾書直逼古文氣息

第十八冊　卷五十四

其徒　　揚華集　黃仁

爲異端之徒者一望而知爲其徒也夫許行之徒即爲神農之言者也不一望而知爲其徒乎昔文公以上宮館孟子兼館孟子之徒許行聞之曰異哉是備後車之載而以從衆人者也且有混於其徒者孰從而知爲孟子之徒也於是自楚之滕而亦以其徒來許行者何爲神農之言者也當是時文公方欲行井田法而神農爲農之祖其入之也較易且爲尚書所不載足以逞吾聽說收召好名之士不得志之徒隱與孟子樹之敵蓋其徒奉之并不止其徒奉之而滕國之中遂群指爲其徒云獨是許行有徒而以許行爲徒者伊何人哉吾聞三湘七澤間多畸

行士昔莊周卻威王聘爲蒙漆園吏著書十餘萬言且王公大
人不能器則其絕類無徒也可知厥後屈子放逐乃作離騷祖
其說者有美人香草之思焉行又非其徒也顧第弗深考既爲
神農之言即爲神農之徒也可即謂以神農之徒而有其徒也
可邪說之曰張也必有徒焉堅其信而益甚其狂易之心許行
之以徒自衛也審矣夫爲善者徒爲利者徒古今原各立其門
以判危微之界孰意託皇初以肆才辯別有一許行之徒變本
而加厲乎理彌近而彌亂而驚世駭俗宛於當日樹千城則堅
許行之信者其徒也詖詞之易窮也必有徒焉護其非而益便
於文過之地許行之以徒自藏也久矣夫爲我有徒兼愛有徒
天下幾爭持其勝以壞名教之防孰意借隆古以逞無稽復有

一許行之徒。譸張而為幻乎。說愈出而愈奇。而飾智驚愚。誰於當途索瑕垢。則護許行之非者。其徒也。然而許行不欲以徒累人者也。更欲人一望而知為其徒者也。故自一廛而外。文公即有賜於從者。斷斷乎不受焉。蓋不如是不足為行之徒。且何以別於挾其徒以傳食者也。而數十人曰。謹受教。所由衣則從同食皆自力云。

欲壞孟子井田之法特立異於其徒前後數段推波助瀾結落入古中二偶樹義精深筆鋒犀利均非凡手所能幾及即從其徒函蓋全章濡染淋漓仍復一綫不溷

其斯之謂與（論語）　戴瀚

其斯之謂與

戴瀚

理道在而可通詩言有徵會矣蓋斯之理自在天壤而詩言其著也自子貢之有謂乎若曰至大者道之量而人恒自小之至遠者學之（浩浩落落）造而人恒自畫之此其故與今人為伍而未嘗於古人有會也今緣未著之訓而知切磋琢磨詩亦無所謂也謂是不可以息也若斯乎亦有詩人以前斯早已懸于兩間而莫或啟之則其音幾秘而不傳謂是不可以安也若斯乎既有詩人以後斯豈獨藏于六義而莫或（興字不作設辭領會極是）發之則其音亦隔而不親今而嘆斯之誘我者深也今而嘆斯之益我者廣也懷一疑而力索亦有渙然之時然而猶意中之獲也乃始

未若然有斯也者則亦無從窺議矣而斯已若遇千千載之上也若過于千載之下則雖高深在望亦令人愉快而欲與之特一解而識矣

是悟時情景

而有怡然之日焉亦已意外之得矣乃若初不料有斯焉者則前無

村吏妙

從想像也而斯忽若遠于宇宙之遙忽若邇于几席之近則雖峻[illegible]

神韻

嘗前亦令人躊躇而欲奮興哉君子之進德有如斯乎欲從之末由

圓括

者何在為得力之候何在非用力之候乎切焉琢焉而陋其初質[illegible]

[illegible]磨焉而陋其半途賜之見及于斯固已晚矣而猶幸見及于斯矣

信哉君子之居業有如斯乎其綽而其寬者何在為懷心之期何在

無慰心之期乎切焉琢焉而呈其大體磋焉磨焉而發其奇光賜[illegible]

光及于斯常恐或失也而又惡能已于斯也哉蓋耳目隘則志氣卑神智開則義理出腸自令曠觀于斯而又無滯淇渝之謂矣以實理觸處神恰是悟境中物貓頭畵角者何處著手

其斯之　戴